Kurze illustrierte Geschichte des Landes Anhalt

von Matthias Prasse

*Gewidmet den Mitgliedern des
Vereins für Anhaltische Landeskunde (VAL)*

Herrenhaus-Kultur-Verlag

Der Autor:

Matthias Prasse (* 1972) ist Kulturhistoriker, Geschichtsjournalist und Ausstellungsmacher. Neben seinem Spezialgebiet, den mitteldeutschen Schlössern und Herrenhäusern, widmet er sich in zahlreichen Veröffentlichungen der Kulturgeschichte seines Heimatlandes Anhalt. Er ist Vorstandsmitglied des Vereins für Anhaltische Landeskunde (VAL) und bekleidete für das Landesjubiläum »2012 – 800 Jahre Anhalt« die Funktion des »Anhalt-Schreibers«.

www.Matthias-Prasse.de

1. Auflage 2013
© Herrenhaus-Kultur-Verlag
Glasewaldtstraße 40 · 01277 Dresden
www.herrenhaus-kultur-verlag.de
Alle Rechte vorbehalten.

Satz: Matthias Pausch
Herstellung: Rupa-Druck Dessau
www.rupadruck.de

Umschlagfotos
Oben rechts: Bauhaus Dessau
Oben mittig: Fürst Leopold I. von Anhalt-Dessau nach Menzel
Oben links: Stammwappen des Hauses Anhalt-Askanien
Unten: Bernburg um 1700
Rückseite: Schloss und Schlossgarten Köthen um 1640

Printed in Germany.

ISBN 978-3-00-040367-5

INHALTSVERZEICHNIS

Kleine Wappenkunde	7
Vorwort	8
Zwischen Faustkeil, Hügelgrab und Römerzug	10
Völkerwanderung und Frühmittelalter	13
Ein Nibelung in Anhalt	15
Die Herkunft des Hauses Anhalt	19
Woher das Land seinen Namen hat	20
Nach Ostland wollen wir reiten	22
Der Fluch der Teilung	25
Stammbaum Frühzeit des Hauses Anhalt-Askanien	27
Die Entstehung des Landes Anhalt	28
Wer zuerst kommt, mahlt zuerst	29
Stammbaum Fürsten von Anhalt und askanische Herzöge von Sachsen	31
Die große Zeit der Städte	32
Eine Zeit der Krisen	37
Ein neues Selbstverständnis	40
Die Reformation in Anhalt	43
Die zweite Reformation	46
Die erneute Teilung	48
Stammbaum der Teilungsgeneration	48
Brandfackel am Dreißigjährigen Krieg	49
Die Fruchtbringende Gesellschaft	50
Ein Kriegsschauplatz	51
Das Fürstentum Anhalt-Bernburg-Harzgerode	53
Das Fürstentum Anhalt-Bernburg-Schaumburg-Hoym	54

Annäherung an Brandenburg-Preußen	55
Holland in Mitteldeutschland	56
Juden in Anhalt	58
Im Gleichschritt mit Preußen	59
Barocke Musikkultur in Anhalt	61
Die russische Heirat	63
Übersichtskarte Anhalt um 1793	64
Das Franz'sche Zeitalter	67
Das ganze Land ein Garten	70
Vater Franz	71
Aus Fürsten werden Herzöge	72
Vergessene Ideale	74
Anhalt in Schlesien	76
Heilen mit Homöpathie	78
Das achte Weltwunder	79
Missernte, Revolution und erneute Restauration	81
Das Zeitalter der Vereinigungen	83
Gründerjahre, Gründerväter	84
Das Ende der Herzöge	85
Ein Freistaat in der Weimarer Republik	86
Der erste NS-Ministerpräsident	88
Das formale Ende	91
Ein neuer Anfang?	93
Echte Prinzen und falsche Anhaltiner	94
Anhalt bewahren	95
Abbildungsnachweis	96

KLEINE WAPPENKUNDE

Wappenbeschreibung

Das Landeswappen wurde normativ in der Herzoglichen Wappenrolle von 1887 festgelegt. Das Wappen ist zweimal gespalten und dreimal geteilt. Das fünfte Feld trägt das so genannte Herzschild. Die Felder sind:

1. **Anspruchswappen auf das Herzogtum Sachsen:** Neunmal von Schwarz und Gold geteilt, belegt mit einem schrägrechten grünen Rautenkranz
2. **Anspruchswappen auf die Pfalzgrafschaft zu Sachsen:** In Blau der goldgekrönte Reichsadler
3. **Anspruchswappen auf das Herzogtum Engern:** In Silber drei rote Seeblätter, meint aber evtl. ursprünglich ein Anspruchswappen auf die (von 1290 bis 1422 askanische) Grafschaft Brehna
4. **(legendenhaftes) Geschlecht der Beringer:** In Silber eine schräglinke rote Zinnenmauer mit geschlossenem goldenen Tor, darauf linksgewendet schreitend ein schwarzer Bär mit goldener Krone und silbernen Halsband
5. **Herzschild: Stammwappen der Askanier und Kleines Staatswappen des Herzogtums Anhalt mit dem brandenburgischen Adler und dem sächsischen Rautenwappen:** Gespalten, rechts in Silber ein am Spalt hervorbrechender roter Adler, links neunmal von Schwarz und Gold geteilt, belegt mit einem schrägrechten grünen Rautenkranz
6. **Grafschaft Ballenstedt:** Neunmal von Schwarz und Gold geteilt (Ursprung des sächsischen Wappens)
7. **Grafschaft Askanien / Aschersleben:** Zwölfmal geschacht von Schwarz und Silber

8. **Herrschaft Waldersee:** Geteilt und gespalten von Gold und Rot
9. **(Gau-)Grafschaft Warmsdorf:** In Blau zwei goldene Schräglinksbalken
10. **Grafschaft Mühlingen:** In Blau ein linksgewendeter silberner Adler
11. **Regalienfeld:** Rot, für die Hoheits- und Sonderrechte des Souveräns
12. **Herrschaft Bernburg:** In Silber eine schrägrechte rote Zinnenmauer mit offenem Tor, darauf schreitend ein schwarzer Bär mit silbernem Halsband

Die anhaltischen Landesfarben waren Rot-Grün-Weiß, mitunter verkürzt auf nur Grün-Weiß.

VORWORT

Anhalt ist reich an steingewordener Geschichte. Auf Schritt und Tritt begegnet man eindrucksvollen Residenzschlössern, imposanten Kirchen und Klöstern und stattlichen Rathäusern. Zahlreiche Museen zwischen Ballenstedt und Zerbst präsentieren Kostbarkeiten aus der Geschichte. Das können bronzezeitliche Schmuckstücke sein, wertvolle Klosterhandschriften aus dem Mittelalter oder Alltagsgegenstände aus jener Zeit, in der Deutschland in zwei Hälften zerrissen war.

Doch diese Zeugnisse sind von sich aus stumm. Kein Residenzschloss erzählt, warum es gerade in Anhalt so viele von seiner Sorte gibt. Und wenn man die Kirchen im Land besucht, dann weiß man noch nicht, warum es in Anhalt nur wenige gotische Flügelaltäre gibt. Geschichte verlangt eben danach, erzählt zu werden.

Anhalt zog sich wie ein schmales Band vom Harz bis zur mittleren Elbe, umgegeben von mächtigen Nachbarn, ob Kursachsen, Kurbrandenburg oder dem

Ballenstedt ist eine der »Wiegen« Anhalts. Seit 1765 war die Stadt Residenz des Fürsten- und späteren Herzogshauses Anhalt-Bernburg. Künstler hielten die Schönheit von Ballenstedt und dessen reizvoller Umgebung im Bild fest (Adrian Ludwig Richter, 1836).

Erzstift Magdeburg. Es war Transitland und in vielen Kriegen heiß umkämpftes Aufmarschgebiet gegnerischer Heere. Der »Lebensweg« dieses kleinen Landes war geprägt von Kompromissen, von Toleranz und Offenheit, freilich nicht immer ohne äußeren Druck.

Der ewige Fluch des Fürstenhauses Anhalt bestand im lange Zeit fehlenden Erstgeburtsrecht. Immer wiederkehrende Teilungen des Landes unter den nachgeborenen Söhnen und die Bildung von Teilfürstentümern, gleich ob diese Anhalt-Zerbst-Dornburg oder Anhalt-Bernburg-Schaumburg-Hoym hießen, bestimmten für Jahrhunderte die Entwicklung Anhalts. Auch geistliche Würdenträger und auswärtige Mächte hatten ein gewichtiges Wörtchen mitzureden. Anhalt glich deshalb lange einem großen Flickenteppich. Und so manche Grenze, die im Verlauf der Geschichte gezogen wurde, ist heute noch zu spüren.

Geschichte ist also mehr als Lehrbuchwissen, sie ist Teil der Gegenwart. Und will man die Gegenwart verstehen, muss man die Geschichte kennen und das ist gerade in Anhalt mitunter gar nicht so einfach. Aber es ist umso lohnenswerter.

Das vorliegende Büchlein will eine leicht lesbare Einführung in die Landesgeschichte Anhalts bieten, sozusagen den Knoten der Geschichte entwirren helfen. Der zeitliche Bogen spannt sich dabei vom ersten Auftreten des Menschen bis in die Nachwendezeit. Dabei bleibt auch das Entstehen des heutigen Bundeslandes Sachsen-Anhalt nicht ausgespart. Das Büchlein will nicht in Konkurrenz zur wissenschaftlichen Forschung treten, beruht aber auf den Ergebnissen jener Historiker, Archäologen und Archivare, die sich mit der anhaltischen Landesgeschichte beschäftigen. Ihnen sei an dieser Stelle herzlich gedankt! Der Schwerpunkt der dargelegten Entwicklungen liegt auf der Landesgeschichte als Herrschaftsgeschichte. Eine umfassende Darstellung des Lebens der anhaltischen Bevölkerung durch alle Jahrhunderte soll einem voluminöseren Geschichtswerk vorbehalten sein.

Mein großer – und nicht unbescheidener – Wunsch ist es, dass alle, die dieses Büchlein gelesen haben, mit anderen Augen durch Anhalt gehen und mehr sehen und verstehen als vorher.

Denn: Man sieht nur, was man weiß.

Matthias Prasse

Das anhaltische Wappentier, der Bär, ist überall im Land präsent. Ob lebend wie hier im Bärenzwinger in Bernburg, ob in Stadtwappen, auf Münzen oder als Skulptur.

ZWISCHEN FAUSTKEIL, HÜGELGRAB UND RÖMERZUG

Spuren menschlicher Besiedlung auf dem Territorium des späteren Landes Anhalt reichen weit in die Vergangenheit zurück. Zu den ältesten Artefakten zählt ein im Gebiet von Mosigkau gefundener Faustkeilschaber, dessen Alter auf rund 200.000 Jahre geschätzt wird.
Eine dichtere Besiedlung gab es allerdings erst in der mittleren Steinzeit etwa 8000 bis 5500 v. Chr. Fischer- und Sammlerkulturen ließen sich auf Hochflächen über den Flüssen, aber auch auf natürlichen Erhöhungen in den Niederungsgebieten nieder.
Etwa 5500 v. Chr. tritt dann die älteste bäuerliche Zivilisation in Erscheinung, die sogenannte Kultur der Linienbandkeramik. Der Name leitet sich von der charakteristischen Verzierung der keramischen Gefäße mit einem Bandmuster aus eckigen, wellen- oder spiralförmigen Linien ab. Spuren jener Epoche finden sich vor allem auf den fruchtbaren Schwarzerdeböden im Köthener Umland. Der Anbau von Getreide und Hülsenfrüchten und die Haltung von Haustieren wie Schweinen und Rindern sind zur Wirtschaftsgrundlage geworden. Nach rund 600 Jahren endet die Linienbandkeramikkultur.
Der Elbe folgend, erreichten fremde Siedler die Region. Auch ihre Kultur ist nach der Verzierungstechnik ihrer Keramik benannt: Die einzelnen Motive sind jetzt aus vielen Einstichen zusammengesetzt, weshalb man von der jungstein-

Das Großsteingrab in Drosa gehört zu den eindrucksvollsten Zeugnissen der jungsteinzeitlichen Walternienburg-Bernburger Kultur (3200-2800 v. Chr.)

Keramikgefäße der bronzezeitlichen Lausitzer Kultur haben sich vorwiegend als Grabbeigaben erhalten (Fundorte im ehemaligen Landkreis Anhalt-Zerbst).

zeitlichen Kultur der Stichbandkeramik spricht. In dieser Zeit wurden auch erste Kultstätten mit astronomischem Hintergrund erbaut.

Spätere Siedlungsspuren auf anhaltischem Gebiet waren namensgebend für ganze Kulturformen. Beispielhaft für diese frühen mitteleuropäischen Zivilisationen sind die reichen Fundstätten der jungsteinzeitlichen Baalberger Kultur (ab etwa 4100 v. Chr.) oder die Walternienburg-Bernburger Kultur (ab etwa 3200 v. Chr.). Noch heute beeindruckend sind damals errichteten monumentalen Erdwerke und Grabmäler.

Von großer Bedeutung für die kulturelle Entwicklung der Region war die Bronzezeit. Seit etwa 2200 v. Chr. war man in der Lage, aus etwa neun Teilen Kupfer und einem Teil Zinn eine Legierung herzustellen. Diese, Bronze genannt, war weitaus härter als Kupfer und eignete sich hervorragend, um Waffen, Schmuck und Gebrauchsgegenstände zu fertigen. Etwa 1200 v. Chr. kamen von Osten Siedler der sogenannten Lausitzer Kultur, die das spätere Anhalt etwa bis zur Mulde bewohnten. Eine der reichsten europäischen Fundstätten der Lausitzer Kultur liegt zwischen Coswig (Anh.) und Buro. Archäologische Fundstücke belegen einen damals ausgedehnten Handel, der bis in das heutige Italien ebenso wie in den Ostseeraum oder in das Karpathenbecken reichte.

Die Lausitzer Kultur brachte auch den Übergang zur Eisenzeit. Etwa ab dem achten vorchristlichen Jahrhundert wurde zunehmend Eisen verhüttet und zur Herstellung verschiedenster Produkte weiterverarbeitet.

Die ethnische Identität der Lausitzer Kultur ist übrigens ungeklärt. Während einige in ihnen die Urslawen sehen, ist eine vorgermanische Identität wahrscheinlicher. Denn Hinweise auf eine größere Wanderungsbewegung in den folgenden Jahrhunderten fehlen.

Um Christi Geburt war das heute mitteldeutsche Gebiet von der germanischen

Stammesgruppe der Sueben/Sweben bevölkert. Deren Siedlungsgebiet reichte etwa von der Ostsee bis zu den Mittelgebirgen. In römischen Quellen wurde die Ostsee nach den Sueben als »Mare Suebicum« benannt.

Die dazugehörenden Stämme, die entlang der Elbe lebten, werden als Elbgermanen bezeichnet. Für Anhalt sind dies vor allem die Langobarden, die Semnonen und die Hermunduren.

Größere Spuren des römischen Reichs gibt es in Anhalt nicht, lediglich einzelne archäologische Funde verweisen auf Handelstätigkeit. Doch ist davon auszugehen, dass das Gebiet zwischen Harz und Elbe den Römern wohl in gewissem Maße tributpflichtig war. Ebenso hat es expeditionsartige Erkundungen von Seiten der Römer gegeben.

Unter Nero Claudius Drusus (38 v. Chr. – 9 v. Chr.), einem Stiefsohn des Kaisers Augustus, erreichte ein römisches Aufgebot im Jahre 9 v. Chr. die Elbe, möglicherweise im heutigen Magdeburger Raum. Ein barbarisches – also germanisches – Weib von übermenschlicher Größe habe dem Feldherrn hier sein nahes Ende verkündet:

„*Wohin willst du eigentlich noch ziehen, unersättlicher Drusus? Es ist dir nicht bestimmt, dies alles zu sehen. Siehe, dein Ende ist nahe.*"

Auf dem Rückmarsch, der durch das spätere Anhalt führte, stürzte Drusus vom Pferd und brach sich ein Bein. Er starb an den Folgen der Verletzung.

Im Großsteingrab von Drosa wollte die volkstümliche Sage das vermeintliche Grab des Drusus erblicken und ein Pfarrer des 18. Jahrhunderts, ganz Kind seiner Zeit, führte selbst den Ortsnamen Drosa auf den römischen Feldherrn zurück.

Darstellung eines Germanen auf einem römischen Triumphalrelief; Vatikanische Museen

VÖLKERWANDERUNG UND FRÜHMITTELALTER

Schon seit dem vierten nachchristlichen Jahrhundert zogen viele der Elbgermanen nach Süden und Osten. Insbesondere das Gebiet östlich der Elbe-Saale-Linie war deshalb zeitweise nur noch dünn besiedelt.
Seit dem späten 6. Jahrhundert wanderten Slawen in die ostelbischen und ostsaalischen Gebiete ein. Für annähernd ein halbes Jahrtausend markierten nun Saale und Elbe den Grenzverlauf zwischen Slawen und Germanen. Denn die westlich der Flüsse gelegenen Landschaften blieben überwiegend germanisch besiedelt.

Bestandteile eines langobardischen Urnengrabes; Coswig (Anh.)

Dazu zählt auch das Territorium zwischen Ostharz und Saale, das in späteren Quellen als Schwabengau bezeichnet wird. Der Hintergrund der Bezeichnung ist nicht geklärt. Überwiegend nimmt man eine Besiedlung des Gebietes durch schwäbische Siedler im 6. Jahrhundert an. Wahrscheinlicher mag aber sein, dass hier besonders viele der ursprünglich suebischen (swebischen) Bevölkerung verblieben sind. Das Gebiet geriet spätestens im 7. Jahrhundert in den Einflussbereich der aus Westen, dem heutigen Niedersachsen, vordringenden Sachsen.
Die Christianisierung der westsaalischen Gegenden setzte in der zweiten Hälfte des 8. Jahrhunderts ein: Im Sommer 772 begannen die mit Unterbrechungen bis 804 andauernden sogenannten Sachsenkriege zwischen Franken und Sachsen.

Anlass waren fortwährende Raubzüge der Sachsen auf fränkisches Gebiet. Hatten die vom fränkischen König Karl dem Großen geführten Kämpfe zunächst nur die Befriedung der unruhigen Grenzregionen zum Ziel, wurde daraus schließlich die Unterwerfung des gesamten Sachsenlandes. Letzteres umfasste auch den Schwabengau bis zur Saale.
Zeitgleich kam es zur Intensivierung der christlichen Bekehrung, was durch die Einrichtung des Missionszentrums Seligenstadt (heute Osterwieck) im Jahr 780 sowie die Gründung des dortigen Bistums im Jahr 804 deutlich wird. Zehn Jahre darauf wurde der Bischofssitz nach Halberstadt verlegt.
Mit dem Ende der Sachsenkriege im Jahr 804 bildete die durch Elbe und Saale markierte östliche Grenze des Bistums Halberstadt gleichzeitig die Ostgrenze

Die Brücke zwischen Waldau und Bernburg querte einen heute nicht mehr vorhandenen Saalearm. Dieser bildete einst die Grenze zwischen dem karolingischen Reich westlich der Saale und dem von Slawen bewohnten Gebiet östlich des Flusses. Bis zur Reformation markierte die Brücke die Grenze zwischen dem Bistum Halberstadt und dem Erzbistum Magdeburg.

des karolingischen Reiches gegen die Slawen. Damit war unter dem zwischenzeitlich zum Kaiser gekrönten Karl der westliche Teil des späteren Anhalts zum Bestandteil des christlichen Karolingerreiches geworden.

Der genaue Beginn der karolingischen Landnahme der östlich von Saale und Elbe gelegenen slawischen Gebiete ist nicht bekannt, wird aber allgemein in die Zeit um 800 und dem Ende der Sachsenkriege gesetzt.

Westlich der Saale gab es zu karolingischer Zeit verschiedene Königshöfe. Waldau, an einem alten Flussübergang an der Saale bei Bernburg, mag als Grenzort eine herausgehobene Bedeutung zugekommen sein. Karl der Jüngere, ein Sohn Karls des Großen, sammelte hier im Jahr 806 seine Truppen für eine Heerfahrt gegen die heidnischen Slawen östlich der Saale.

Das heutige Cösitz südlich von Köthen wird allgemein mit der slawischen Hauptburg Kesigesburg gleichgesetzt. Gemeinsam mit elf weiteren Burgen wurde sie während eines großen Slawenaufstandes 839 in einem Heerzug König Ludwigs des Frommen erobert. Die in Cösitz heute noch erhaltenen Hauptwälle jener Zeit sind rund fünf Meter hoch.

Fehlende Spuren von fränkisch-karolingischen Burgen deuten darauf hin, dass die Slawen sich jedoch eine relative Unabhängigkeit bewahren konnten.

EIN NIBELUNG IN ANHALT

Die Elbe-Saale-Linie blieb bis in die erste Hälfte des 10. Jahrhunderts Reichsgrenze. Dieser Zustand herrschte auch noch, als der Liudolfinger Heinrich im Jahr 912 das väterliche Erbe als Herzog von Sachsen antrat. Zu den ersten von ihm bekannten Maßnahmen gehörte – damals noch im Auftrag seines Vaters – ein wohl nicht sehr erfolgreicher Heerzug gegen die Slawen östlich der Saale im Jahr 906. Trotzdem konnte Heinrich (seit 919 auf dem Königsthron) auf dem ostsaalischen Gebiet vereinzelt Fuß fassen. Dazu zählt die Errichtung von Burgwarden entlang der Flüsse zum Schutz gegen die Ungarneinfälle.

Jedoch erst unter Heinrichs Sohn Otto dem Großen sind die östlich der Saale liegenden Gebiete in das Reich integriert worden. In der Herrschaftszeit König Ottos (ab 962 Kaiser) gelang ein schrittweises, aber dauerhaftes Festsetzen der deutschen Herrschaft östlich der Saale.

Für die deutschen Könige und Kaiser aus sächsischem Adel nahm die Ostfrage eine wesentlich größere Rolle ein als noch für die Karolinger. Letzteren war es vor allem um die Verteidigung der östlichen Grenzlinie ihres großen Reichs gegangen.

Dagegen war das dringliche Ziel der Sachsenkaiser, ihre direkt westlich von Saale und Elbe gelegenen Stammlande durch die Eroberung der östlich davon befindlichen Gebiete zu sichern.

Die bedeutendste Rolle bei der expansiven Politik nach Osten nahm Markgraf Gero (um 900-965) ein.

Otto I. übertrug dem aus sächsischem Adel stammendem Gero bereits kurz nach seinem Regierungsantritt 936 die Verwaltung der sächsischen Ostmark an Saale und mittlerer Elbe. Wenige Jahre darauf betraute Otto I. den Markgrafen auch mit der Kriegsführung gegen die Elbslawen. In erbitterten Kämpfen unterwarf Gero die Slawen und schlug Aufstände nieder. Dabei ließ er nun die Elblinie hinter sich. Mit seiner Politik der Härte gelang es Gero, das slawisch besiedelte Land zwischen Elbe und Oder zu

Grabmal des Gero in der Stiftskirche St. Cyriakus Gernrode

Die Nationalsozialisten instrumentalisierten Gero als Kämpfer gegen die Slawen. Dafür machten sie ihn nachträglich zum Gründer Anhalts. Ein 1938 im Dessauer Ortsteil Mildensee errichtetes Denkmal trägt die Inschrift »Das tausendjährige Anhalt gegründet 938 von Markgraf Gero.«

Frose (unten) und Gernrode (rechte Seite oben) sind die beiden ältesten klösterlichen Anlagen in Anhalt, beide sind Gründungen des Markgrafen Gero.

unterwerfen und sein Herrschaftsgebiet erheblich zu vergrößern. Ein siegreicher Feldzug 962/63 gegen den Piasten-Herzog Mieszko I. von Polen führte sogar dazu, dass dieser vorübergehend die Oberhoheit des ostfränkisch-deutschen Königs anerkennen musste. Im Nibelungenlied fand Gero übrigens literarischen Nachruhm als »Markgraf Gere, ein Recke kühn und gut«.

Die Vermählung von Geros Sohn Siegfried mit Hathui, wohl einer Cousine Kaiser Ottos, symbolisiert den Punkt höchsten Aufstiegs.

Für die Nationalsozialisten rund tausend Jahre später ließ sich der mit Schwert und Feuer gegen die Slawen kämpfende Markgraf hervorragend instrumentalisieren, weshalb man ihn nach 1933 kurzerhand zum Begründer Anhalts machte.

Nach Geros Tod gingen die östlich der Elbe gelegenen Gebiete im großen Slawenaufstand 983 wieder verloren. Die zuvor neu gegründeten Bischofssitze Brandenburg und Havelberg mussten aufgegeben werden. Das ostelbische Christianisierungs- und Besiedlungswerk kam für fast 200 Jahre zum Erliegen.

Auch die Lage der alten Klöster in Anhalt verdeutlicht den immer noch beibehaltenen Grenzcharakter der Elbe-Saale-Linie: Die Klöster Frose, Gernrode, Nienburg, Cölbigk, Ballenstedt und Hecklingen liegen alle westlich der Saale.

Gero war im Übrigen auch der Gründer der beiden ältesten Klöster auf später anhaltischem Boden: Spätestens 950 stiftete er Frose, nach dem Tod seiner beiden Söhne und Erben dann um 961 auch das

Damenstift Gernrode. Seine beiden Neffen, Erzbischof Gero von Köln und dessen Bruder Markgraf Thietmar, errichteten 970 nördlich von Harzgerode das Kloster Thankmarsfelde. Dieses wurde fünf Jahre später nach Nienburg verlegt. Hier, am Zusammenfluss von Bode und Saale, nahm es eine wichtige Rolle bei der weiteren Missionierung der Slawengebiete ein und wurde zum bedeutendsten Kloster Mitteldeutschlands. Der für Anhalts Frühgeschichte wichtige christliche Orden war der Benediktiner-Orden, zu dem auch Nienburg gehörte.

Epitaph des Markgrafen Thietmar (um 920-978) und dessen Sohn Gero (um 970-1015) in der Klosterkirche Nienburg

Da Geros Söhne vor ihm starben, vermachte er große Teile seines erheblichen Eigenbesitzes dem Stift Gernrode. Die von ihm geführte und bedeutend vergrößerte sächsische Ostmark wurde nach seinem Tod in fünf Markgrafschaften aufgeteilt.

Das ostsaalische und von Flüssen umrissene Gebiet zwischen Elbe im Norden, Mulde im Osten, Fuhne im Süden und Saale im Westen wird in zeitgenössischen Quellen als Gau Serimunt bezeichnet. Gemeinsam mit dem westsaalischen Schwabengau wird Serimunt ab dem

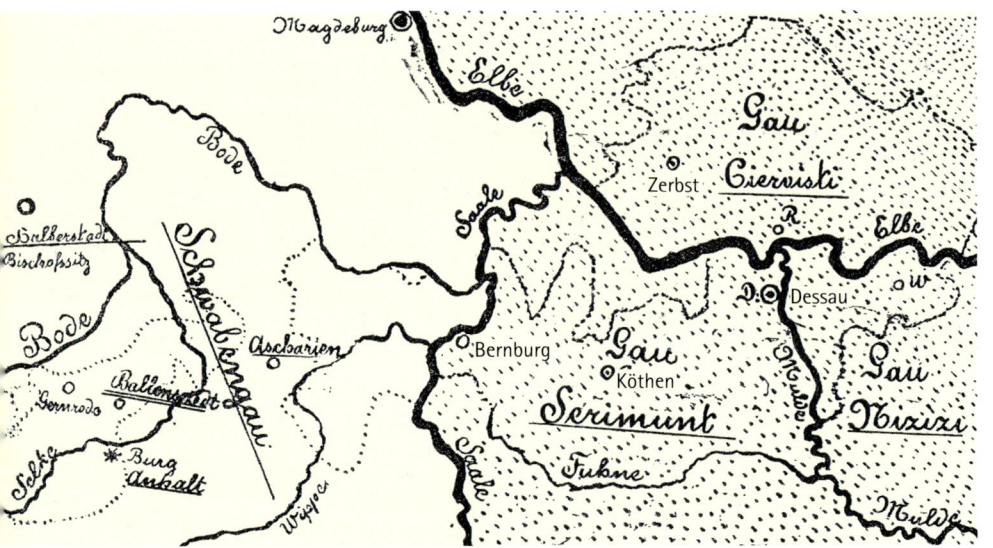

Flüsse bildeten die natürlichen Grenzen der früh- und hochmittelalterlichen Gaue.

11. und 12. Jahrhundert das Kerngebiet der Herrschaft des Adelshauses Anhalt-Askanien bilden.

Zunächst blieben der Schwabengau und der Gau Serimunt aber im Besitz von Geros Schwager Christian und dessen Nachfahren. Markgraf Christian, wohl aus dem Geschlecht der Billunger, hatte Geros Schwester Hidda geheiratet. Ihr 1032/34 verstorbener Nachfahre Markgraf Hodo II., ein Ururgroßneffe Geros, war der letzte seines Geschlechts.

DIE HERKUNFT DES HAUSES ANHALT-ASKANIEN

Etwa zeitgleich (1036) tritt erstmals in der Region ein Adeliger namens Esiko auf. Eine Quelle des 16. Jahrhunderts berichtet, dass eine Schwester Esikos die als Uta von Ballenstedt berühmt gewordene Stifterfigur im Naumburger Dom sei. Esiko besaß gräfliche Befugnisse im östlichen Harzvorland. Das eigentliche Herkunftsgebiet seines Geschlechts ist in der Wissenschaft umstritten.

Über seine Mutter war Esiko ein legitimer Nachfahre des Markgrafen Christian. Daher konnte er anscheinend Teile aus dem Erbe des zuvor verstorbenen Markgrafen Hodo II. übernehmen. Das nun von ihm kontrollierte Gebiet umfasste damit schon weite Teile des späteren Landes Anhalt.

Von Esikos Sohn Adalbert sind erstmals Grafenrechte der Askanier im Raum Ballenstedt überliefert. Adalbert wurde um 1080 in einer Fehde durch Egino von Konradsburg erschlagen.

Graf Otto von Ballenstedt (um 1070-1123), Sohn Adalberts und Enkel Esikos, war mit Eilika Billung vermählt, einer Tochter des letzten Herzogs von Sachsen aus dem Geschlecht der Billunger. Aus dem Billunger Erbe war Otto die Nordmark (die heutige Altmark) zugefallen. 1112 wurde er von Kaiser Heinrich V. auch mit dem Titel des Herzogs der Sachsen belehnt. Otto konnte diesen Anspruch jedoch nicht behaupten. Trotzdem gehört er zu den ersten sächsischen Adeligen, die etwa ab 1100 mit der

Bei der als »Uta von Naumburg« bekannten Stifterfigur aus dem Naumburger Dom soll es sich um Uta von Ballenstedt (um 1000-1046) handeln, eine Schwester des im Ostharz begüterten Esiko.

Ausweitung ihrer Herrschaft nach Osten über die Elbe hinaus begannen und den 983 beendeten Christianisierungs- und Ostsiedlungsprozess fortsetzten. Er gehört zu den Unterzeichnern eines Schreibens aus dem Jahre 1108, in dem er gemeinsam mit anderen Fürsten und Bischöfen die Standesgenossen in Flandern, Lothringen, Franken und Sachsen einlädt, die Wiederbesiedelung der ostelbischen Landschaften durchzuführen.

Wappen der Grafschaft Ballenstedt

Mit Ottos Drängen nach Osten und Norden könnte auch ein slawischer Vorstoß über die Elbe zusammenhängen. Denn am 9. Februar 1115 schlug Otto ein slawisches Heer, das in den Raum von Köthen vorgedrungen war. Nach einer Legende verfolgte der Graf die flüchtenden Slawen über die Elbe, seitdem seien Roßlau, Buro und Coswig altes anhaltisches Gebiet.

WOHER DAS LAND SEINEN NAMEN HAT

Der Name des Landes Anhalt ist von der gleichnamigen Burg Anhalt im Ostharz abgeleitet. Sie lag auf dem Großen Hausberg im Selketal. Erstmalig erwähnt wurde die Burg im Jahre 1140, als sie in einer Fehde zerstört wurde. Die Bedeutung des Namens Anhalt selbst ist dagegen ungeklärt und könnte beispielsweise von einer Errichtung ohne Holz, »ane holt«, oder von der topographischen Lage an einer Halde oder auf einem Hügel, »an halde«, herrühren.
Der Erbauungszeitraum der Burg Anhalt ist ebenso wie die Auftraggeber unbekannt. Angenommen wird eine Gründung zwischen den Jahren 1115 und 1123 durch Otto von Ballenstedt, gen. der Reiche, und/oder dessen Sohn Albrecht (um 1100-1170).
Nach Ottos Tod ging seine Herrschaft auf seinen einzigen Sohn Albrecht über. Albrecht gelang es durch Diplomatie und Gewalt zunächst, verschiedene Titel zu vereinen. Erst später konnte er das von ihm kontrollierte Gebiet entscheidend vergrößern. Schon zu Lebzeiten erhielt Albrecht den Beinamen »der Bär«. Der Grund dafür ist unbekannt, mag aber mit Albrechts Rivalität zu Heinrich »dem Löwen« zusammenhängen. Albrecht ist auch der erste, von dem bekannt ist, dass er sich nach der Burg Anhalt benannte: Eine seiner Münzen trägt eine dementsprechende Umschrift, die ihn

als Markgraf von Anhalt oder Anhalter Markgraf bezeichnet. Ebenso ist er der erste, der sich nach der als Gerichtsort dienenden Burg Aschersleben als Graf von Aschersleben benennt.

Im 14. Jahrhundert wird aus letzterem Titel die lateinische Namensvariante »comes Ascanie«, aus welcher schließlich die noch heute übliche Geschlechterbezeichnung »Askanier« wird.

Nachdem Albrecht die Wahl des Staufers Konrads III. zum deutschen König tatkräftig unterstützt hatte, wurde er von Konrad 1138 mit der sächsischen Herzogswürde belehnt, die bis zu diesem Zeitpunkt die Welfen inne hatten. In der Folgezeit kam es zu Kämpfen zwischen der Anhängerschaft der Welfen und den

Wappen der Grafschaft Aschersleben (Askanien)

Von der namensgebenden Burg Anhalt im Selketal sind nur noch Ruinen erhalten

Askaniern. Dabei wurden Ende 1138 die Bernburg an der Saale, 1139 Burg Plötzkau und 1140 die Burgen Aschersleben und Anhalt selbst zerstört. Zu diesem Zeitpunkt endete Albrechts tatsächliche Macht in Sachsen, auch wenn er noch formal bis 1142 Herzog von Sachsen blieb. Mit dem Titel wurde 1142 sein Rivale und Vetter, der damals noch unmündige Welfe Heinrich der Löwe belehnt.

In seinen Stammlanden konnte Albrecht erst Jahre später wieder Fuß fassen. Dazu verhalf ihm insbesondere das Erbe der 1147 erloschenen Grafen von Plötzkau.

NACH OSTLAND WOLLEN WIR REITEN

Außerhalb Anhalts war Albrecht besonders in der zweiten Phase der Ostsiedlung erfolgreich, die von ihm entscheidend vorangetrieben wurde. Der Slawenkreuzzug, der 1147 parallel zum Zweiten Kreuzzug ins Heilige Land erfolgte, fand unter maßgeblicher Beteiligung Albrechts statt.

Albrechts siegreiche Rückeroberung der Burg Brandenburg im Jahr 1157 und die damit verbundene neue deutsche Landesherrschaft auf slawischem Boden gilt als Gründungsjahr der Mark Brandenburg. Gleich anderen Territorialfürsten rief Albrecht Siedler in die bislang von Slawen bewohnten Gebiete. Diese kamen aus der Altmark, aus Westfalen, aber auch aus Holland und Flandern. Einwohner aus den beiden letzten Gebieten waren besonders wertvoll, um mit ihren Kenntnissen vom Deichbau das Gebiet an Elbe und Mulde trockenzulegen und zu kultivieren. So ist für 1159 belegt, dass das Kloster Ballenstedt Land an der Mulde an flämische Siedler verkaufte. Nicht jede Neugründung eines Dorfes hatte Bestand, schätzungsweise 50 Prozent der mittelalterlichen Siedlungen in Anhalt wurden wieder aufgegeben.

Im Prozess der Kolonisierung gingen die slawischen Einwohner langsam in der neuen Bevölkerung auf. Während der um 1220/30 entstandene Sachsenspiegel den Slawen noch das Recht einräumte, vor Gericht in ihrer eigenen Sprache zu verhandeln, wurde diese Regelung 1293 gekippt. Jetzt hatten die Slawen zumindest vor Gericht deutsch zu sprechen.

Siegelabdruck mit Darstellung Albrechts des Bären, die ihn als Markgrafen von Brandenburg zeigt

Frühbarocke Darstellung des legendären Tanzwunders zu Cölbigk, ein Ereignis, dass um 1020 stattgefunden haben soll und 1037 zur Gründung eines Marktes durch den Salier-Kaiser Konrad II. führte

Gleichwohl haben sich im Osten Anhalts slawische Dialekte wohl noch bis zum Dreißigjährigen Krieg erhalten, bevor sie ganz verschwanden.

Fast verschwunden sind auch die verschiedenen anhaltischen Mundarten. Die Flüsse bildeten in etwa deren Grenzen: Östlich der Elbe-Saale-Linie, auf dem alten Reichsboden, gab es eine ins Thüringische verweisende Sprachart. Nördlich der Elbe sind Einflüsse aus Richtung Magdeburg und Brandenburg hörbar, während im slawischen Kolonialgebiet zwischen Saale und Mulde eine ganz eigene Mundart entstand, die insbesondere durch die »Paschlewwer Jeschichten« des Historikers und Archivars Hermann Wäschke (1850-1926) bekannt wurde.

Mit der weiteren Eindeutschung der ehemals slawischen Gebiete verschob sich auch der kulturelle Schwerpunkt nach Osten. Insbesondere die hoch- und spätmittelalterliche Stadtwerdung und Stadtentwicklung vollzog sich im Wesentlichen im Osten Anhalts. Orte wie Bernburg, Köthen, Zerbst, Dessau und Coswig erhielten bürgerliche Freiheiten, errichteten Rathäuser, Stadtmauern und große Kirchen. Neusiedler aus dem alten, westlich gelegenen Reichsgebiet werden ihre Erfahrungen mit in die neue Heimat gebracht haben. Die neuen Städte wurden zum Ansiedlungsort junger christlicher Orden und deren Klöster.

Hinter dieser Entwicklung blieb das Altsiedelgebiet westlich der Elbe-Saale-Linie zurück. Die Städte und Märkte hier, wie Nienburg, Cölbigk und Harzgerode – Marktgründungen aus der Zeit der Ottonen und Salier – unterschieden sich rechtlich kaum von den Landgemeinden. Eine Ausnahme bildete die wichtige Stadt Aschersleben.

Die Herrschaft Albrechts im späteren Anhalt bestand insgesamt aus verschiedenen Einzelrechten und war auch regional noch höchst unterschiedlich verteilt. Als Albrecht 1170 verstarb, wurde der Markgraf nach einer Überlieferung im Hauskloster der Familie in Ballenstedt beigesetzt. 1880 fand man tatsächlich in der ehemaligen Klosterkirche die sterblichen Überreste eines Mannes und einer Frau in Sandsteinsarkophagen. Das heutige Erscheinungsbild des Ballenstedter Grabes stammt erst aus dem Jahr 1938 und wurde durch den Architekten Paul Schultze-Naumburg gestaltet.

Die wahrscheinliche Ballenstedter Grablege von Markgraf Albrecht dem Bären, dem »Wegbereiter ins deutsche Ostland«, wurde durch den Architekten und NSDAP-Politiker Paul Schultze-Naumburg zur nationalsozialistischen Weihestätte umgebaut

DER FLUCH DER TEILUNG

Gleich anderen Adelsgeschlechtern des Mittelalters kannte das Haus Anhalt-Askanien kein Erstgeburtsrecht. Unter Albrechts Söhnen wurde das väterliche Erbe deshalb geteilt. Dabei entstanden drei größere Herrschaftskomplexe: In der Mark Brandenburg regieren die Nachkommen von Albrechts Sohn Otto bis 1320, dann starb dieser Familienzweig aus, die Mark Brandenburg wurde den süddeutschen Wittelsbachern als Lehen übergeben. Bis heute rätselhaft ist das Erscheinen des sogenannten »Falschen Waldemars«: Im Frühjahr 1348 meldete sich ein alter Mann beim Erzbischof von Magdeburg und behauptete, er sei der askanische Markgraf Waldemar von Brandenburg, soeben erst von einer Pilgerfahrt aus dem Heiligen Land zurückgekehrt. Seine angebliche Bestattung vor gut 30 Jahren sei nur inszeniert gewesen. Binnen Wochen konnte er auf einem Huldigungszug große Teile der Mark von sich überzeugen. In die Defensive gedrängt, belehnte Kaiser Karl IV. ihn deshalb notgedrungen mit der Mark Brandenburg. Nur wenige Städte in der Mark hielten weiter zu den Wittelsbachern. Zwei Jahre später, im April 1350, wurde »der Falsche Waldemar« als Betrüger bezeichnet und abgesetzt, als der Kaiser ihn wegen eines Übereinkommens mit den Wittelsbachern fallen ließ. Waldemar hielt sich seitdem am Fürstenhof im anhaltischen Dessau auf, wo man ihm zeitlebens alle höfischen Ehren erwies, bevor er 1356 eines natürlichen Todes starb. Möglicherweise handelte es sich um einen Versuch der Fürsten von Anhalt, die Erbansprüche auf Brandenburg auf diesem Wege zu forcieren.

Einem zweiten Sohn, Hermann, und dessen Nachfahren gehörte die Grafschaft Weimar-Orlamünde in Thüringen bis zu einem Verkauf an die Wettiner 1476, zehn Jahre später erlosch der Zweig.

Ein dritter Sohn, Bernhard, erbte die inzwischen erweiterten anhaltischen Stammlande zwischen Ostharz und mittlerer Elbe. Bernhard nannte sich mehrfach nach der gleichnamigen Burg Graf von Anhalt.

Albrechts Sohn Bernhard verstarb wohl 1212. Die darauf folgende Erbteilung wird als Geburtsstunde des Landes Anhalt betrachtet.

Zehn Jahre nach dem Tod Albrechts des Bären enthob Kaiser Barbarossa den ihm gefährlich gewordenen Sachsenherzog Heinrich den Löwen seiner Ämter. Die sächsische Herzogswürde und ein kleiner östlicher Teil der sächsischen Besitzungen wurden nun Graf Bernhard übertragen. Damit war die anhalt-askanische Familie endgültig in den Kreis der wichtigsten Fürstengeschlechter des Reichs aufgestiegen. Zum Ende des 12. Jahrhunderts hatte Bernhard seine Machtgrundlagen soweit gefestigt, dass er 1197/98 als deutscher Königskandidat ins Gespräch gebracht wurde. Aus der Zeit Bernhards stammen auch die meisten der romanischen Dorfkirchen Anhalts, die sich besonders zahlreich nördlich der Elbe bewahrt haben. Ihre Erhaltung verdanken sie zum Teil den hier vorherrschenden schlechten Bodenverhältnissen, die den armen Kirchengemeinden später keinen Neubau ermöglichten. Daneben ist aber zu beobachten, dass in reinen Bauerndörfern eher ein Neubau im 19. Jahrhundert zustande kam, als in durch Rittergüter geprägten Dörfern.

Romanische Dorfkirchen wie hier in Grimme und Pakendorf (heute Ruine) haben sich besonders zahlreich nördlich der Elbe erhalten

Frühzeit des Hauses Anhalt-Askanien

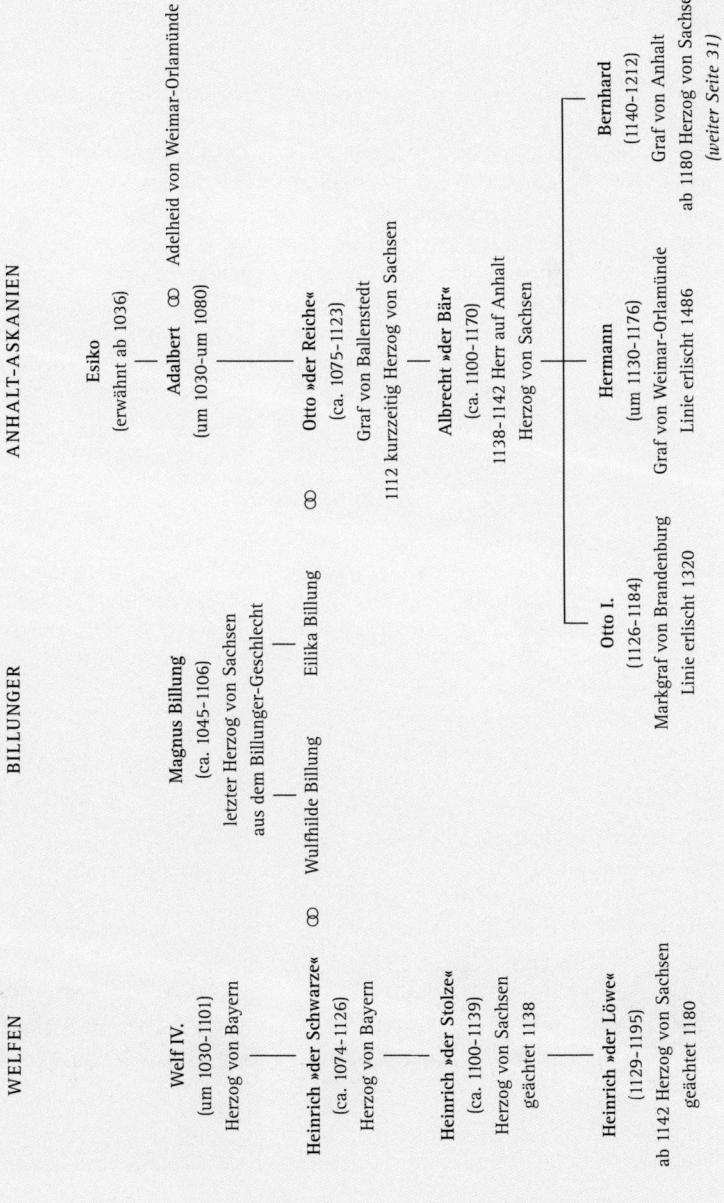

DIE ENTSTEHUNG DES LANDES ANHALT

Der genaue Todestag Bernhards ist unbekannt. Erst spätere Quellen nennen den 9. Februar 1212. In der Folge werden auch Bernhards Territorien unter seinen beiden Söhnen geteilt. Heinrich (um 1170-1252), der älteste Sohn, erbt die anhaltischen Stammlande zwischen Harz, Elbe und Mulde, während der jüngere Sohn Albrecht die sächsische Herzogswürde und die damit verbundenen Territorien vorrangig um Wittenberg und das südöstlich von Hamburg gelegene Lauenburg erhielt. Aus den Gebieten um Wittenberg und der damit verbundenen sächsischen Herzogswürde entstand später das Kurfürstentum Sachsen.

Bernhards Tod und die folgende Erbteilung zwischen seinen Söhnen bildete die Grundlage für das 2012 begangene Jubiläum »800 Jahre Anhalt«. Die von Heinrich begründete Linie der Askanier ist der einzige Familienzweig, der bis heute existiert. Eduard Prinz von Anhalt (* 1941) ist der letzte direkte männliche Nachfahre des Grafen Esiko, übrigens in 26. Generation.

Graf Heinrich I. von Anhalt gelang es, seine Herrschaftsrechte zusammenzufügen, so dass vom Beginn einer selbständigen Landesherrschaft gesprochen werden kann. Zu den wesentlichen Besitzungen zählten Ballenstedt, Aschersleben, Harzgerode, Bernburg, Köthen, Dessau, Raguhn sowie nördlich der Elbe Roßlau und Coswig. Doch war diese Landesherrschaft noch von einer Vielzahl fremder Herrschaftsrechte durchdrungen (wie Rechte von anderen Adeligen, Klöstern oder Bistümern). Gerade der Durchsetzung der Vogteien über Klöster und Stifte wie Ballenstedt, Gernrode, Hecklingen oder Nienburg kam eine besondere Rolle zu. Auch der fürstliche Einfluss in den sich vor allem östlich der Saale entwickelnden Städten blieb lange höchst unterschiedlich. 1215 nannte sich Heinrich erstmals »princeps in Anahalt«, also Fürst in oder auf Anhalt. Ob sich Heinrich den Fürstentitel selbst zugelegt hat oder es eine durch den Kaiser erfolgte Fürstung gab, ist unbekannt. Als Minnesänger talentiert, findet sich eine Darstellung Heinrichs in der zu Beginn des 14. Jahrhunderts entstandenen Mannessischen Liederhandschrift. Heinrich war mit der Landgrafentochter Irmgard von

Er war Minnesänger, Schwager der heiligen Elisabeth und erster Fürst von Anhalt: Heinrich I.

Thüringen vermählt und wurde dadurch zum Schwager der heiligen Elisabeth. Zu diesem Zeitpunkt erstreckte sich Anhalt im Gebiet vier verschiedener Bistümer: Halberstadt (westlich der Saale), Magdeburg (zwischen Saale und Mulde), Brandenburg (nördlich der Elbe) und Meißen (östlich der Mulde).

WER ZUERST KOMMT, MAHLT ZUERST

Zu Heinrichs bekanntesten Zeitgenossen gehört Eike von Repgow (um 1180-nach 1233). Repgow ist der Verfasser des Sachsenspiegels, des bedeutendsten Rechtsbuches des Mittelalters.
Als Stammsitz seiner Familie gilt das anhaltische Dorf Reppichau nordöstlich von Köthen. Der in Latein, später auch in niederdeutscher Sprache abgefasste Sachsenspiegel hat die deutsche Rechtsgeschichte nachhaltig geprägt. Alle späteren Werke zum Lehn- und Landrecht bauen auf ihm auf. Zu den fixierten Rechtsgrundsätzen zählten u.a. Erbschaftssachen, Strafrecht, Ehe- und Nachbarschaftsangelegenheiten, aber auch die Verhältnisse zwischen den Ständen im Reich. Der Sachsenspiegel fand Verbreitung bis weit in den osteuropäischen Raum hinein. In vielen deutschen Gebieten, u.a. in Anhalt, war der Sachsenspiegel bis zur Einführung des Bürgerlichen Gesetzbuchs (BGB) im Jahr 1900 eine benutzte Rechtsquelle. Auch heute noch finden sich Regelungen aus dem mittelalterlichen Rechtswerk im Verkehrsverhalten, dem Nachbarschaftsrecht oder dem allgemeinen

Pflügende Bauern. Aus der Dresdner Bilderhandschrift des Sachsenspiegels

Umgang. Ein bekanntes Beispiel ist der Grundsatz »Wer zuerst kommt, mahlt zuerst«.
Das »Kunstprojekt Sachsenspiegel« hat das Dorf Reppichau in den letzten Jahren zu einem sehenswerten touristischen Anlaufpunkt gemacht. Szenen aus dem Sachsenspiegel finden sich im gesamten Dorf an Fassaden oder mittels Plastiken dargestellt.
In Heinrichs Regentschaft fällt auch das sogenannte Wormser Privileg von 1231. Dabei musste Stauferkönig Heinrich VII. den Fürsten des Heiligen Römischen Reichs bestimmte Privilegien wie Selbständigkeit bei der Verwaltung der eigenen Territorien, Gerichtsbarkeit, Münzrecht und Erhebung von Zöllen dauerhaft gestatten.
Doch handelt es sich hier um die schriftliche Fixierung einer schon längst gängigen Rechtswirklichkeit.

Da das anhalt-askanische Fürstenhaus kein Erbrecht des Erstgeborenen kannte, führte auch Heinrichs Tod 1252 zu einer Erbteilung. Dabei entstanden die drei anhaltischen Linien Aschersleben, Bernburg und Köthen. Das fehlende Erstgeburtsrecht und die damit zusammenhängenden Teilungen sollten bis in das 18. Jahrhundert hinein die Geschichte Anhalts prägen und Grund für Streitigkeiten und Schwächungen sein.
In den kommenden Jahrzehnten löste sich der Begriff Anhalt von der Burg Anhalt als Herrschaftsstandort. Anhalt wurde zum Synonym eines Herrschaftsanspruches über ein vielteiliges Territorium, dass langsam diesen Namen als Landeskennzeichnung übernahm. Gleichzeitig verlor die namensgebende Burg an Bedeutung, bis sie zur Ruine verkam und ab dem Ende des 14. Jahrhunderts verpfändet wurde.

Fürsten von Anhalt und askanische Herzöge von Sachsen

(siehe Seite 27)
Bernhard
(1140–1212)
Graf von Anhalt
ab 1180 Herzog von Sachsen

Heinrich I.
(ca. 1170–1252)
erster Fürst von Anhalt

Heinrich II. »der Fette«
(1215–um 1266)
Anhalt-Aschersleben
Linie erlischt 1315
Aschersleben fällt an Bistum Halberstadt

Bernhard I.
(1218–1287)
Anhalt-Bernburg
Linie erlischt 1468
Bernburg fällt an Anhalt-Köthen

Siegfried I.
(um 1230–um 1298)
Anhalt-Köthen

Linie erwirbt
Zerbst 1307
zerfällt ebenfalls in
mehrere Linien

unter

Joachim Ernst
(1536–1586)
1570 wird ganz
Anhalt vereint
(weiter Seite 48)

Albrecht I.
(um 1175–1260/61)
Herzog von Sachsen

Albrecht II.
(1250–1298)
Herzog von Sachsen-Wittenberg
Linie erlischt 1422

Johann I.
(nach 1248–1285)
Herzog von Sachsen-Lauenburg
Linie erlischt 1689

DIE GROSSE ZEIT DER STÄDTE

Die große Zeit der anhaltischen Städte begann an der Wende zum 13. Jahrhundert. Fast zeitgleich erscheinen Coswig, Dessau und Köthen in den Urkunden. Auch Bernburg, direkt am Saaleübergang von West nach Ost, wird als Markt erst am Anfang des 13. Jahrhunderts genannt. Diesen vollwertigen Städten ist gemeinsam, dass sie sich im Schutz einer fürstlichen Burg entwickelten.

Die Stadt Zerbst

1307 konnte Albrecht I. von Anhalt-Köthen die bedeutende Stadt Zerbst nördlich der Elbe erwerben, 1319 auch die Lehnsoberhoheit. Einwohnerzahl, Wirtschaftskraft, Privilegien und Freiheiten hoben Zerbst von den anderen Städten Anhalts im Mittelalter ab. Bereits im 10. Jahrhundert genannt, scheint sich hier auch nach dem großen Slawenaufstand von 983 eine deutsche Siedlungskammer befunden zu haben. Im 12. Jahrhundert war Zerbst Reichsbesitz, um den neben den Erzbischöfen von Magdeburg verschiedene Adelshäuser konkurrierten. Dadurch war der Stadt eine größere Entwicklungsfreiheit gegeben, welche die Übernahme des Magdeburger Stadtrechts, eine eigene Münzprägung und eine ständische Selbstverwaltung durch einen gewählten Rat ermöglichten. Mit dem Erwerb von Zerbst wurde die Stadt zum Bestandteil des älteren Fürstentums Anhalt-Köthen und blieb in den folgenden Jahrhunderten die größte und wichtigste Stadt in ganz Anhalt. Wegen der Größe von Zerbst ließen sich auch mehrere der neu im Hochmittelalter entstandenen christlichen Orden nieder, vor Ort wurden die Franziskaner, Augustiner und Zisterzienser

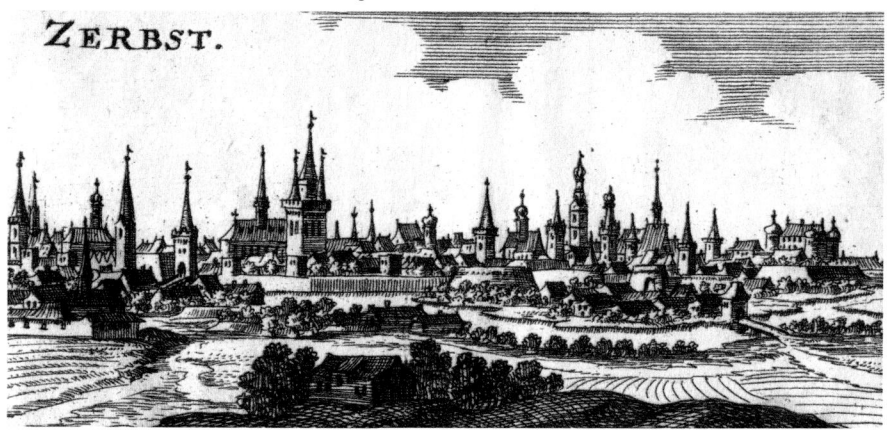

Zerbst (hier um 1680) war für Jahrhunderte die größte Stadt Anhalts

ansässig. Die Zerbster Stadtpfarrkirche St. Nicolai – im 15. Jahrhundert an der Stelle eines Vorgängerbaus neu errichtet – war die größte Kirche Anhalts. Doch sind ohnehin die von der Bürgerschaft errichteten Stadtkirchen die bedeutendsten Bauwerke jener Zeit.

Infolge etlicher Erbteilungen wechselte die Herrschaft über Zerbst zwischen den Mitgliedern des Fürstenhauses häufig. Zeitweilig waren sogar mehrere anhaltische Fürsten zur gleichen Zeit Herr von Burg und Stadt.

Die Zerbster St. Nicolai-Kirche war bis zu ihrer Zerstörung 1945 die größte Kirche Anhalts

Die Stadt Köthen

Köthen entstand an einem Übergang der wichtigen Fernstraße von Magdeburg nach Süden über die sumpfige Ziethe. Hier teilte sich die Straße in einen Arm nach Leipzig und einen anderen, der nach Halle weiter führte. Nahe einer schützenden Burg, deren Platz die heutige Schlossanlage einnimmt, entstand im 12. Jahrhundert ein befestigter Marktort. Dieser nahm eine zunehmend wichtige Rolle innerhalb des anhaltischen Territoriums ein. Ende des 12. Jahrhunderts sind sowohl ein Pfarrer, eigene Köthener Maße und in der Stadt geprägte Münzen belegt. Köthen wurde früh ein Mittelpunkt der askanisch-anhaltischen Herrschaft. Zeitweise wurde eine Linie des Fürstenhauses nach Köthen benannt.

Auch Köthen nahm schon früh einen wichtigen Platz unter den Städten des Landes ein

Aufgrund der thronenden Lage von Residenzschloss und Bergstadt wird Bernburg als »Krone Anhalts« bezeichnet

Die Stadt hatte bereits im 14. Jahrhundert zwei Vorstädte. Noch heute verweisen die Größen der Stadtkirche St. Jakob und des Marktes auf die Bedeutung der Stadt im späten Mittelalter.

Die Stadt Bernburg

Die Anlage der Stadt Bernburg folgte dem Verlauf der alten Heeres- und Handelsstraße, die aus Westen kommend hier die Saale überquert. Dabei entwickelte sich die Stadt aus drei voneinander durch Rechte und Mauern getrennten Siedlungskernen: Auf dem Steilufer der Saale liegt die Bergstadt mit der ehemaligen Burg der Askanier, dem späteren Residenzschloss. Von ihr wurde durch eine Verlagerung der Saale schon vor 1219 die sogenannte Talstadt abgetrennt, die ihrerseits aus der Altstadt mit der Stadtkirche St. Marien und der Neustadt mit der St. Nikolai-Kirche besteht. Altstadt und Neustadt entwickelten sich als Straßensiedlungen auf einem annähernd runden Grundriss und jeweils zentralen Straßenmärkten auf der gemeinsamen Ost-West-Achse der alten Heeresstraße. In der Neustadt lag das Bettelordenskloster der Marienknechte, das wohl kurz vor 1308 entstand. Der starke Durchgangsverkehr belebte den städtischen Handel und führte um 1300 zur Ansiedlung von Juden und der zeitigen Bildung von Innungen. 1410 schlossen Alt- und Neustadt ein gegenseitiges Schutz- und Trutzbündnis, verfügten aber bis zu ihrer Vereinigung 1561 über getrennte Befestigungssysteme. Erst 1825 kam es zum Zusammenschluss von Bergstadt und Talstadt.

Die Stadt Dessau

Die 1213 erstmals genannte Stadt Dessau entwickelte sich an einem Flussübergang der »Hohen Straße«, einem mittelalterlichen Handelsweg, über die Mulde. Ob an der Stelle der askanischen Burg, die 1346 erstmals erwähnt wird, eine ältere slawische Befestigung gestanden hat, ist unbekannt. Zunächst war die Dessauer Burg nur zeitweiliger Aufenthaltsort der anhaltischen Fürsten. Die Bedeutung

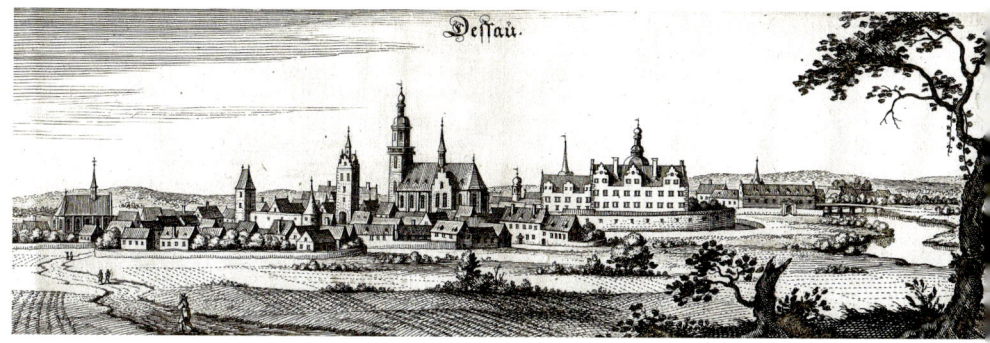

Dessau entwickelte sich seit dem 15. Jahrhundert immer vorteilhafter. Ab 1863 war die Stadt Hauptstadt des vereinigten Herzogtums Anhalt.

der Stadt stieg, als nördlich der Elbe mit Zerbst (1307) und später der Grafschaft Lindau bedeutende Erwerbungen gelangen. Dessau wurde zum wichtigsten Elb- und Muldeübergang in Anhalt und ab 1471 zum Sitz einer fürstlichen Linie. Der zunächst geringen Bedeutung der Stadt entsprach auch das kleine Abmaß des Ursprungsbaus der Stadtkirche St. Marien, die nicht größer war als manche Dorfkirche. Erst ab 1506 begann ein Neubau in Form einer spätgotischen Hallenkirche mit Chorumgang, der den notwendig gewordenen Ansprüchen und Platzverhältnissen Rechnung trug.

Der Schlossplatz südlich der Stadtkirche gilt als ältester Markt, daneben gab es wohl seit dem Ende des 12. Jahrhunderts einen angerartigen Marktplatz nördlich der Kirche. Bereits um 1530 kam es zur Bildung von Vorstädten außerhalb der Stadtbefestigung.

Trotzdem war Dessau noch zu Beginn des 17. Jahrhunderts mit etwa 2.500 Einwohnern kleiner als Köthen oder Zerbst.

Die Stadt Coswig

Bis zum Erwerb von Zerbst war Coswig der wichtigste Ort Anhalts nördlich der Elbe, darüber hinaus aber auch das spirituelle Zentrum der Linie Anhalt-Köthen. So hatte schon Fürst Heinrich I. im Jahr 1212 die Gründung des Herren-Kollegiatstiftes St. Marien betrieben.

1457 erwarben die Fürsten von Anhalt die nördlich von Zerbst gelegene Grafschaft Lindau. Der gewaltige Lindauer Bergfried aus abertausenden Ziegelsteinen wurde erst im 19. Jahrhundert über alten Fundamenten errichtet – als romantische »Erinnerung an die alten Rittersleut'«.

In Buro bestand von 1258 bis 1809 eine Kommende des Deutschen Ordens, die einzige Niederlassung eines Kreuzritterordens in ganz Anhalt.

Anhalts große Burgen waren seine Städte, hier ein Teil der Stadtbefestigung von Zerbst.

1258 wurde das vor den Toren der Stadt gelegene Dörfchen Buro dem Deutschen Orden übertragen, die hier eine Kommende errichteten. Buro blieb die einzige Niederlassung eines Ritterordens in ganz Anhalt.

Als drittes im Coswiger Bunde stifteten die Fürsten 1272 das Dominikanerinnen-Kloster St. Nicolai, das förmlich zum Hauskloster von Anhalt-Köthen aufstieg. Mindestens dreißig Angehörige des Fürstenhauses sind in Coswig bestattet. Von der abgebrochenen Stiftskirche St. Marien existieren weder Abbildungen noch Beschreibungen. Allein die ehemalige Kloster- und spätere Stadtkirche St. Nicolai lässt die frühere Bedeutung Coswigs erahnen. Die opulente Innenausstattung stammt freilich erst aus ihrer Zeit als barocke Stadtkirche.

Anhalts große Burgen, das waren die Städte mit ihren starken Befestigungen aus Mauerringen, Wehrtürmen und Wassergräben. Damit schützten sie nicht nur den Wohlstand ihrer Bürger, sondern auch ihre Fürsten ein um das andere Mal. Und während die anhaltischen Fürsten – für die Zeit völlig normal – kein stehendes Heer unterhielten, konnten die Städte auf eine gut gerüstete Bürgerschaft zurückgreifen:

An der Wende zum 15. Jahrhundert standen Dessau und Köthen jeweils rund 300 Mann mit Spießen, Armbrüsten und etlichen Feuerwaffen zur Verfügung, Zerbst sogar 1.200 bewaffnete Streiter. Die Schützengilden und Schützenvereine haben in der mittelalterlichen Selbstverteidigung der Städte ihren Ursprung.

EINE ZEIT DER KRISEN

Noch im Barock umfassten Anhalt-Karten immer auch das Gebiet von Aschersleben, auch wenn der Besitz tatsächlich schon 1315 abhanden gekommen war. (Karte aus »Atlas Portatilis« des Nürnberger Kupferstechers Johann Christoph Weigel d.Ä.; 1720)

Fast zeitgleich mit dem Erwerb von Zerbst hatte für das Fürstenhaus selbst eine Phase von Krisen begonnen, die bis zum 16. Jahrhundert anhalten sollte. Hauptursache dafür war das fehlende Erstgeburtsrecht und das damit verbundene Aufspalten des Landes in kleine, für sich ohnmächtige Teilfürstentümer.
Die Linie Anhalt-Aschersleben starb 1315 aus. Das Erbe am für die Askanier ja namensgebenden Aschersleben wurde den anhaltischen Vettern durch Bischof Albrecht von Halberstadt streitig gemacht, der seinen Anspruch auf seine Eigenschaft als Lehnsherr zurückführte. Letztendlich konnte sich der Bischof durchsetzen und Aschersleben für sein Bistum gewinnen.
Pikantes Detail: Der Halberstädter Bischof Albrecht war ein Angehöriger des Fürstenhauses Anhalt-Bernburg. Ein Familienbewusstsein des Hauses Anhalt-

Askanien war zu jener Zeit nicht gegeben.

In Konsequenz führte der Verlust von Aschersleben dazu, dass die Landverbindung zwischen den alten Stammsitzen Ballenstedt und Anhalt im Harz und den neuen Zentren, den aufstrebenden Städten Bernburg, Köthen, Zerbst und Dessau, seitdem zerschlagen war. Doch wurde der Anspruch auf die einstige Kerngrafschaft Aschersleben nie aufgegeben. Alle Versuche, ihn durchzusetzen, scheiterten aber. Lediglich im Schmalkaldischen Krieg konnte Fürst Wolfgang von Anhalt Aschersleben für ein Vierteljahr, von Januar bis April 1547, noch einmal in anhaltische Gewalt bringen. Aschersleben gelangte mit dem ehemaligen Bistum Halberstadt 1648 an den Kurfürsten von Brandenburg.

Die in den Jahrzehnten zuvor erfolgten Teilungen hatten zudem eine deutliche Schwächung der familiären Machtbasis zur Folge, was die askanischen Erbansprüche außerhalb Anhalts betraf: Als die Askanier in Brandenburg 1320, in Sachsen-Wittenberg 1422 und in Sachsen-Lauenburg 1689 ausstarben, scheiterten die anhaltischen Askanier jedes Mal mit ihren berechtigten Erbansprüchen.

Der schwindende Einfluss des Hauses Anhalt führte auch dazu, dass immer weniger nachgeborene Söhne des Fürstenhauses mit Pfründen als Bischöfe oder in Domkapiteln versorgt werden konnten. Häufige Erbauseinandersetzungen waren der Fall. Gleichzeitig benötigte die fürstliche Familie Gelder, um den eigenen Standesansprüchen gerecht zu werden. Sei es, um die Töchter mit einer guten Mitgift in angesehene Familien des Hochadels zu verheiraten, Witwen verstorbener Fürsten mit dem vereinbarten Leibgedinge zu versehen oder um einfach ein standesgemäßes Leben zu führen.

Die Verschuldung des Fürstenhauses nahm Rekordsummen an und führte zu dauernder Geldnot. Ende des 15. Jahrhunderts waren daher viele Ortschaften, Güter oder zukünftige Einnahmen versetzt, um auf diese Weise Geld zu beschaffen. So waren beispielsweise zu jener Zeit Harzgerode, Güntersberge, Wörlitz, Warmsdorf, Sandersleben, Gröbzig, Plötzkau, Hoym und Freckleben und selbst die Reste der Burg Anhalt verpfändet.

War 30 Jahre unter dem Namen »Bruder Ludwig« Mönch des Franziskanerordens: Wilhelm von Anhalt-Köthen († 1504)

Um 1500 befand sich Anhalt in einer solch existenziellen Krise, dass große Teile des Landes verpfändet waren, dazu gehörte auch Güntersberge im Harz.

Mit dem kinderlosen Tod des Fürsten Bernhard VI. von Anhalt-Bernburg im Jahr 1468 drohte eine neue Katastrophe. Bernhard hatte zu Lebzeiten die Herrschaft Bernburg dem Erzbistum Magdeburg aufgelassen, um seiner Witwe eine Garantie auf ihr Leibgedinge zu beschaffen. Die Bemühungen der Dessauer und Köthener Fürsten um Bernburg verliefen letztendlich erfolgreich, auch dank der Intervention von Kaiser Friedrich III. Doch durch die Bernburger Erbstreitigkeiten waren die Fürsten noch tiefer verschuldet.

Größter Gläubiger der Fürsten war der Erzbischof von Magdeburg, der ganz offen versuchte, die mittlerweile existenzielle Krise der anhaltischen Herrschaft für sich auszunutzen. Mehrmals stand der Erzbischof davor, Anhalt mit Waffengewalt einzunehmen. Gleichzeitig versuchten Lehnsnehmer des Fürstenhauses, deren Schwäche auszunutzen und sich aus der Hoheit des Hauses Anhalt zu lösen.

Es bedurfte großer Mühen und kaiserlicher Gebotsbriefe, diese Gefahren abzuwenden.

Auch die Burg Freckleben mussten die Fürsten verpfänden, um Geld zu beschaffen

EIN NEUES SELBSTVERSTÄNDNIS

Um 1500 teilten sich insgesamt sechs Fürsten aus den beiden Linien Anhalt-Köthen-Dessau und Anhalt-Köthen-Zerbst die Herrschaft über Anhalt. Zu jener Zeit erwachte im Fürstenhaus die Erkenntnis, dass die Position ihres Geschlechts gegen äußere und innere Widerstände gestärkt und nicht zusätzlich geschwächt werden müsse. Man ging untereinander vermehrt Erbverbrüderungen ein, verzichtete auf übertriebene Teilungen und die Verpfändung oder den Verkauf von symbolträchtigen Teilen der Herrschaft an andere Adelsgeschlechter. Auch die Hinwendung zum Kaiser steht für eine Neuorientierung des Fürstenhauses. So trat Fürst Rudolf IV. gen. der Tapfere (1466-1510) um 1486 in die Dienste Maximilians von Österreich, des zukünftigen Kaisers. Er wurde zu dessen engsten Vertrauten (»Anhalt das treue Blut«) und schließlich zum Oberkommandierenden der königlichen Armee. Die durch Maximilian erlassenen Gebotsbriefe zur Stabilisierung der Herrschaft in Anhalt sind nur der engen Beziehung Maximilians zum Fürsten Rudolf zu verdanken. Rudolfs Vetter Fürst Magnus wurde 1492 zum kaiserlichen Rat und 1496 zum Kammerrichter am neu geschaffenen Reichskammergericht ernannt.

Das neu entstehende Selbstverständnis sorgte an der Wende zum 16. Jahrhundert für eine Reihe von Modernisierungen in Anhalt. So erhielt Zerbst, die größte Stadt des Landes, 1499 durch den

Der Zerbster Roland, Symbol für städtische Privilegien, Freiheiten und Gerichtsbarkeit, ist der drittälteste auf deutschem Boden. Die Fürsten von Anhalt waren an der Wende zum 16. Jahrhundert bemüht, die Eigenständigkeit der Stadt Zerbst zu Gunsten der fürstlichen Herrschaft zu beschneiden.

Fürsten Magnus eine Stadtordnung. Mit Ämterbildung, Landsteuern, Ständeversammlungen sowie einer zunehmenden Einflussnahme auf das Kirchenwesen wurden seit dem ausgehenden 15. Jahrhundert wichtige Schritte zur Entstehung eines anhaltischen »Staates« im engeren Sinne unternommen. Schon 1458 macht der bislang übliche Begriff der »Herrschaft zu Anhalt« Platz für die Rede vom »Lande zu Anhalt«.

Für die Umsetzung der herrschaftlichen Anweisungen im ganzen Land sorgten zunehmend fürstliche Amtsträger. Deren Befugnisse und Kompetenzen waren exakt reglementiert, durch persönlichen Eid waren sie den Fürsten verbunden. Seit 1536 sorgten die Anlage von Amts- und Landregistern für eine weitere Professionalisierung der Verwaltung. In den Regierungsbehörden finden sich mehr und mehr studierte Rechtswissenschaftler anstelle von Adeligen. Eine Ausdehnung der Gesetzgebung und Bürokratisierung griff verstärkt in die Lebensbereiche der Untertanen ein. Im Gerichtswesen setzten sich das landesherrliche Aufsichtsrecht und die Berufungsfunktion durch. Ab 1532 kamen bei der Einberufung von Landtagen Vertreter der Prälaten, der Ritterschaft und der Städte zusammen. Damit wurde einerseits die Obrigkeit des Fürstenhauses anerkannt, andererseits aber den Ständen Teilhabe an der Herrschaft gestattet.

Der in den 1530er und 1540er Jahren festzustellende wirtschaftliche Aufschwung des Landes Anhalt ist ein Resultat der ergriffenen Maßnahmen, hängt aber auch mit den Erlösen aus der Bewirtschaftung der im Zuge der Reformation säkularisierten Klöster und Stifte sowie der Konjunktur des anhaltischen Bergbaus im Harz zusammen.

Letztendlich hatte die durch Schulden verursachte Existenzkrise eine Modernisierung befördert, die den Erhalt des Landes Anhalt in den kommenden Jahrhunderten erst ermöglichte.

Um sich zwischen den mächtigen Dynastien der Nachbarschaft zu behaupten, legten die Fürsten von Anhalt Wert auf möglichst alte Abstammung und Verwandtschaft. Die 1757 erscheinende Genealogie des Hauses Anhalt verweist schon auf dem Titelblatt auf die Verwandtschaft zu den (allesamt erloschenen) askanischen Markgrafen von Brandenburg und Herzögen von Sachsen und Sachsen-Lauenburg

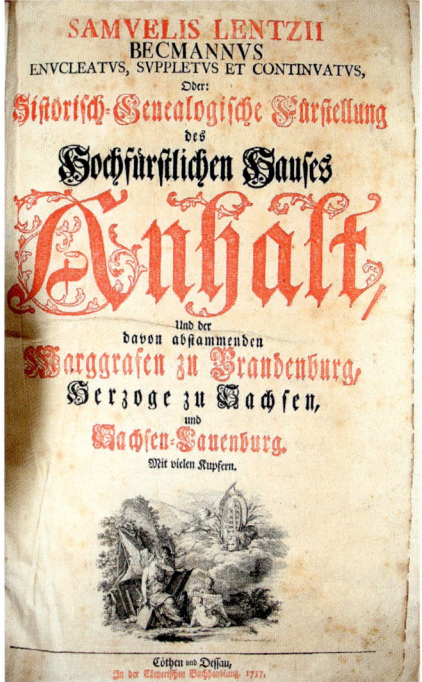

Der Dessauer Johannbau läutete eine neue Ära der Schlossbaukunst ein

Gleichzeitig war die Fürstenfamilie bestrebt, als ebenbürtig mit benachbarten Dynastien wie den Hohenzollern oder Wettinern angesehen zu werden. Schon seit dem ausgehenden 15. Jahrhundert bemühten sich deshalb Geschichtsgelehrte, den Geschlechtsnamen und damit die Abkunft der Fürsten von Anhalt auf möglichst alte Abstammung zurückzuführen. Mal war es der biblische Aschkenas, der Urenkel Noahs und legendäre Stammvater aller Deutschen, mal Askanius, Sohn des trojanischen Helden Aeneas, die als legendäre Ahnen des Hauses Anhalt dienen mussten. 1556 erfand man schließlich die »Behringer«, die schon lange vor Christi Geburt am Harz geherrscht hätten und im siebenten Jahrhundert sächsische »Kriegskönige« gewesen seien.

Es ist symptomatisch für die geschichtliche Entwicklung, dass nun die Schlossbauten der Fürsten die Höhe der Baukunst jener Jahre verkörperten. Der Um- und Neubau des Johannbaus, nach 1945 einzig erhaltener Teil des Dessauer Schlosses, leitete die Entwicklung ein. Wesentlich beteiligt war die Baumeisterfamilie Binder, die vorrangig in den großen Residenzstädten der Umgebung, in Magdeburg, Halle und Wittenberg tätig war. Aber auch andere landesherrliche Schlösser wie Bernburg, Harzgerode, Warmsdorf, Plötzkau, Coswig, Zerbst und zuletzt Köthen wurden während des 16. Jahrhunderts umgebaut oder zur Gänze neu errichtet.

An der Bürgerschaft der Städte gehen die Neuerungen im Bauwesen nicht spurlos vorbei. Wer es sich leisten kann, übernimmt bis weit in das 17. Jahrhundert hinein die an den Schlossbauten in Mode gekommenen und mit Pilastern und Voluten geschmückten Giebel und Zwerchhäuser der Renaissance für sein Bürgerhaus.

DIE REFORMATION IN ANHALT

Schon die räumliche Nähe Anhalts zum sächsischen Wittenberg hatte die Verbreitung der Ideen Martin Luthers befördert. Zur herausragenden Fürstengestalt der frühen Reformation wurde Wolfgang von Anhalt-Köthen gen. der Bekenner (1492-1566). Martin Luther, damals noch Mönch des Augustinerordens, begegnete Wolfgang erstmals am Rande des Reichstags zu Worms 1521. Luther habe ihm »das Herz abgerungen«, so Wolfgang später. Schon am 18. Mai 1522 predigte der Reformator in Zerbst. In den Folgejahren wurde Wolfgang zum Streiter für die lutherische Sache. In den von ihm regierten Landstrichen führte er ab 1524 die Reformation ein, zu einer Zeit, als seine restliche Verwandtschaft noch treu dem alten Glauben verpflichtet war. 1525 wurde die Pfarrstelle der Zerbster Nicolai-Kirche mit einem Lutheraner besetzt, im Folgejahr das letzte der ehemals drei Zerbster Klöster geschlossen. 1529 ist Wolfgang dann einer jener sechs Fürsten, die auf dem Reichstag zu Speyer gegen die erneute Ächtung Luthers protestieren. Seitdem heißen die Anhänger Luthers »Protestanten«. Im Folgejahr unterzeichnete der Fürst die Confessio Augustana, die bis heute zu den verbindlichen Bekenntnisgrundlagen der lutherischen Landeskirchen in Deutschland zählt.
Familiär und dienstlich war Wolfgang eng mit dem Fürstenhaus Wettin verbunden. Seine Schwester hatte sich mit dem späteren sächsischen Kurfürsten Johann dem Beständigen vermählt. Wolfgang trat in sächsische Dienste und hat unter fünf sächsischen Kurfürsten gewirkt.
Wie die sächsische Verwandtschaft war auch Wolfgang Mitinitiator des Schmalkaldischen Bundes, eines Verteidigungsbündnisses der protestantischen Fürsten und Städte gegen die Politik Kaiser Karls V. Nachdem die Protestanten den Schmalkaldischen Krieg 1546/47 verloren, verhängte der Kaiser die Reichsacht über Wolfgang und vergab dessen Fürstentum anderweitig. Große Geldsummen mussten aufgebracht werden, um die Besitzungen zurück zu erwerben.

Fürst Wolfgang von Anhalt, Detail aus seinem Epitaph in der Bartholomäi-Kirche Zerbst

Schon zu Lebzeiten nannte man Georg III. von Anhalt den »Gottseligen«

Erst mit dem Passauer Vertrag 1552, der die formale Anerkennung des Luthertums bedeutete, wurde Fürst Wolfgang amnestiert.

Die Fürsten aus der Dessauer Linie hatten sich hingegen erst nach dem Tode ihrer Mutter Margarethe von Münsterberg († 1530) dem neuen Glauben zugewandt. Die streng katholische Fürstinwitwe Margarethe hatte noch 1525 versucht, mit einem von ihr initiierten Bündnis katholischer Fürsten gegen die Reformation vorzugehen. Der sogenannte »Dessauer Bund« kam wenige Wochen nach der Schlacht von Frankenhausen zustande, in welcher die aufständischen Bauernheere vollständig besiegt wurden.

Der Bauernkrieg selbst hatte Anhalt nur gestreift, 1525 waren die Gebiete östlich des Harzes betroffen, vor allem traf es die Klöster. Die Mönche und Nonnen flüchteten aus Ballenstedt, Cölbigk, Mehringen und Nienburg. Teilweise wurden die Anlagen geplündert. Fürstin Margarethe befürchtete bei einem weiteren Fortgang der Reformation eine Wiederholung der Bauernaufstände.

Doch wurde gerade ihr Sohn Fürst Georg III. gen. der Gottselige (1507-1553) nach dem Tode seiner Mutter zur nächsten wichtigen Figur der anhaltischen Reformationsgeschichte. Mit Luther und Melanchthon in engem Kontakt stehend, nahm Georg, den man mit 17 Jahren zum katholischen Priester geweiht hatte und der inzwischen Domherr war, die Visitationen der anhaltischen Kirchen selbst in die Hand. Dabei sollten die Verhältnisse in den Kirchen geprüft und, wo nötig, gebessert werden. Diese landesherrliche Reformation kam mit der Kirchenordnung von 1545 zum Abschluss. Die Fürsten erhoben nun den vollständigen Anspruch auf die Regelung der kirchlichen Fragen ihres Landes. Waren einst die vier Diözesen Magdeburg, Brandenburg, Meißen und Halberstadt für Teile Anhalts zuständig, wurden jetzt die Fürsten zu quasi obersten Bischöfen. Erst mit der Reformation war es den Fürsten gelungen, mit den Besitz- und Rechtstiteln der aufgelösten Klöster und Stifte ihr Territorium zu arrondieren. Doch nicht alle geistlichen Einrichtungen konnten sie auflösen: Die Kommende des Deutschen Ordens in Buro entzog sich der Säkularisierung, nicht aber der

Reformation. Hier öffnete man sich dem neuen evangelischen Glauben und rettete das Ordenshaus noch einmal für gut zweieinhalb Jahrhunderte.

Mit dem Augsburger Reichs- und Religionsfrieden 1555 wird den Fürsten von Anhalt letztendlich die Kirchen- und Schulhoheit zugesichert. Nach der Regel »cuius regio, eius religio« (d.h. »wessen Gebiet, dessen Religion«) bestimmten die Fürsten fortan allein, welche Religionen in ihren Fürstentümern gelten. Dieses landesherrliche Kirchenregiment bestand bis zur Abdankung des letzten Herzogs von Anhalt im Jahr 1918.

Doch die Protestanten waren innerlich zerrissen. Der Schmalkaldische Krieg hatte die Spaltung der Protestanten in Philippisten und Gnesiolutheraner vertieft. Um eine drohende Zersplitterung und damit Schwächung der protestantischen Kräfte zu verhindern, hatte Fürst Wolfgang Ende Januar 1557 die beiden großen Kontrahenten Philipp Melanchthon und dessen Widersacher Matthias Flacius Illyricus auf sein Coswiger Schloss zu einem theologischen Disput eingeladen. Dieser erfolglose Versuch der Schlichtung ging als »Konvent von Coswig« in die Kirchengeschichte ein.

Nach dem Tode der Reformationsfürsten konnte erstmals seit dem Tode Heinrichs I. im Jahr 1252 ein Fürst von Anhalt das ganze Land in einer Hand vereinen: Fürst Joachim Ernst aus der Dessauer Linie erlangte 1570 infolge verschiedener Erbfälle alle anhaltischen Territorien. Die von ihm fortgesetzte Reform von Verwaltung und Recht erreichte mit seiner 1572 erlassenen Landes- und Kirchenordnung einen neuen Höhepunkt.

Das sogenannte »Dessauer Abendmahl« aus der Hand des Lucas Cranach d.J. zeigt Personen der Reformationsgeschichte, u.a. mehrere Fürsten von Anhalt.

Konnte 1570 ganz Anhalt vereinen: Fürst Joachim Ernst

DIE ZWEITE REFORMATION

Die Geschwindigkeit der theologischen Reformen in Anhalt hatte zwischenzeitlich eine gewisse Eigendynamik bekommen. Während die Wittenberger in Sachsen sich einem orthodoxen Luthertum zuwandten und das Erbe Melanchthons zunehmend ablehnten, gehörten in Anhalt Luther und der in dogmatischen Dingen wesentlich offenere Melanchthon unbedingt zusammen. In Sachsen verfolgte Melanchthon-Schüler wurden in Anhalt aufgenommen. Zwischen den anhaltischen Theologen und ihren sächsischen Kollegen kam es zum offenen Streit, wer denn nun das »wahre« Erbe der Reformation vertrat.

An der Wende zum 16. Jahrhundert wandten sich die anhaltischen Fürsten immer mehr von der theologischen Entwicklung in Sachsen ab. Man orientierte sich zunehmend am französisch-schweizer Protestantismus nach Calvin und Zwingli. Schließlich wurde Luthers Katechismus abgeschafft, die Altäre in den Kirchen abgebrochen und an ihrer Stelle einfache Tische aufgestellt, Bilder entfernt, das lutherische Gesangbuch gegen die Lobwasserschen Psalmen (das Gesangbuch der Reformierten) ausgetauscht. In manchen Kirchen spielte man nicht einmal mehr auf den Orgeln.

Da die Fürsten die Konfession in ihrem Land vorschreiben konnten, wurde ganz Anhalt zum reformierten Territorium. Die weitaus meisten anhaltischen Pfarrer beugten sich dem Druck der Fürsten. In der Bevölkerung stießen die Änderungen jedoch auf teilweise heftige Gegenwehr. Da wurden Pfarrer während des Gottesdienstes im besten Fall ignoriert, aber auch beworfen oder man urinierte von den Emporen. Zwar wurde Anhalt-Zerbst bereits 1644/46, Köthen 1699 und Dessau teilweise 1702 wieder lutherisch, doch die zwangsweise reformierte Bevölkerung blieb jetzt überwiegend calvinistisch. Anhalt war dadurch bis weit in das 19. Jahrhundert hinein ein bikonfessionelles Land.

Die heutige Zerbster Francisceumsbibliothek entstand durch die Zusammenlegung mehrerer historischer Bibliotheken. Dazu gehören auch die Bestände des Gymnasium Illustre, der anhaltischen Landesuniversität.

Eine wichtige Rolle bei der Ausbildung der benötigten reformierten Kleriker spielte das 1582 durch Fürst Joachim Ernst gegründete Gymnasium Illustre in Zerbst. Es gehört zu jenen kleinen Landesuniversitäten, die im Zuge der religiösen Auseinandersetzungen nach der Reformation entstanden. Ziel war, zukünftige Beamte und Lehrer, vor allem aber die Theologen dem Einfluss der streng lutherisch geprägten Universitäten Wittenberg und Leipzig zu entziehen. Wenn man ein Gründungsdatum für die Evangelische Landeskirche Anhalts sucht, so könnte es bereits im Jahr 1578 zu finden sein:
Ab diesem Zeitpunkt wurden alle angehenden anhaltischen Pfarrer nicht mehr in Wittenberg, sondern in Zerbst ordiniert. Mit dem Regierungsantritt des lutherisch erzogenen Fürsten Johann von Anhalt-Zerbst 1642 wurde der Betrieb der reformierten Hochschule zunehmend erschwert und damit langfristig der Niedergang eingeleitet. Nach dem Dreißigjährigen Krieg gingen die Studentenzahlen am Gymnasium Illustre stark zurück, 1798 wurde der Lehrbetrieb ganz eingestellt.

Mit der zweiten Reformation distanzierte man sich deutlich von Kursachsen, dem bis dahin wichtigsten Nachbarn. Das kleine Anhalt brauchte einen neuen starken Partner, um im Reich zu bestehen. Diesen fand man zunächst in der ebenfalls reformierten Pfalz. Eheliche Verbindungen mit den reformierten Fürstenhäusern Pfalz, Hessen-Kassel oder Bentheim sind Zeugnisse dieser Neuorientierung.

Hochzeitspartner unter Reformierten: Die Calvinistin Dorothea von Pfalz-Simmern wurde die Gemahlin von Johann Georg I. von Anhalt-Dessau.

DIE ERNEUTE TEILUNG

Hatte Fürst Joachim Ernst (1536-1586) ganz Anhalt vereinen können, schlossen seine fünf Söhne schon 1603 einen Erbteilungsvertrag, der drei Jahre später zur Ausführung kam. Dabei entstanden die vier Teilfürstentümer Anhalt-Zerbst, Anhalt-Dessau, Anhalt-Köthen und Anhalt-Bernburg, die ihren Namen nach der jeweiligen Residenz führten. Ein fünfter Sohn, zuerst mit Geld abgefunden, erhielt 1611 aus dem Fürstentum Anhalt-Bernburg die kleine Herrschaft Plötzkau und begründete damit die Linie Anhalt-Plötzkau. Nach dem Erlöschen der Fürsten von Anhalt-Köthen im Jahre 1665 fiel ihr Land im Erbgang an die Plötzkauer Fürsten, das kleine Anhalt-Plötzkau ging zurück an Anhalt-Bernburg und wurde letztendlich dem neuen Fürstentum Anhalt-Bernburg-Harzgerode zugeschlagen.

Jedes Land regierte für sich. Der »Senior«, der älteste regierende Fürst, besorgte die gemeinschaftlichen Angelegenheiten wie die Führung eines Archivs, der Salz- und Bergwerke, die Regulierung von Erbansprüchen und die Verwaltung des Stammsitzes, der Burgruine Anhalt.

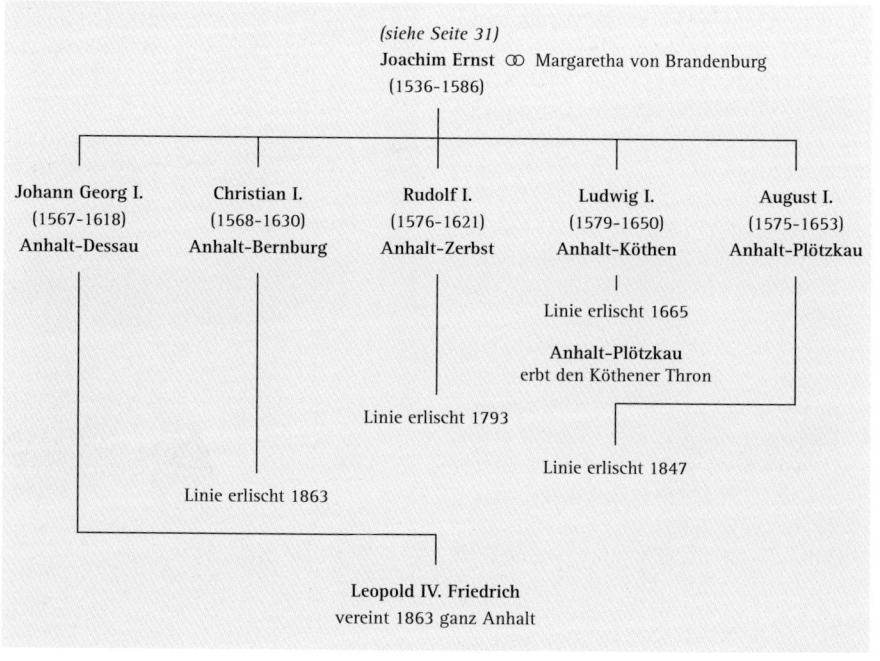

BRANDFACKEL AM DREISSIGJÄHRIGEN KRIEG

Unter den Fürsten der Teilungsgeneration verdienen zwei besondere Aufmerksamkeit: Christian I., Begründer von Anhalt-Bernburg, und Ludwig, Begründer der Linie Anhalt-Köthen.

Die religiösen Konflikte hatten sich zu Beginn des 17. Jahrhunderts verschärft. Das gegenseitige Verhältnis zwischen den Konfessionen war von Misstrauen geprägt. 1608 schlossen sich deshalb etliche protestantische Fürsten und Städte zur »Protestantischen Union« zusammen, einem reinen Defensivbündnis. Oberhaupt der Union war der calvinistische Kurfürst Friedrich IV. von der Pfalz, doch die Vorgänge im Hintergrund steuerte Fürst Christian I. von Anhalt-Bernburg, der später auch zum Kanzler und eigentlichen Leiter der Politik des Thronfolgers Friedrich V. von der Pfalz aufstieg. 1619 drängte er den gerade 23-jährigen Pfälzer zur Annahme der böhmischen Königskrone – eine nicht hinnehmbare Kampfansage an das Haus Habsburg, das traditionell auch den König von Böhmen stellte.

Ein Krieg begann, von dem niemand ahnt, dass er dreißig Jahre dauern sollte. In der Schlacht am Weißen Berg bei Prag 1620 wurde das böhmisch-pfälzische Heer unter Christian I. von Anhalt vernichtend geschlagen. Friedrich V., spöttisch nun »Winterkönig« genannt, und sein Kanzler Christian müssen fliehen. Hilfe von der »Protestantischen Union« trifft nicht ein, im Folgejahr wird das Bündnis aufgelöst.

Christian I. wurde geächtet und ging ins Exil nach Schweden und Dänemark. Erst 1624 wurde die Reichsacht aufgehoben und dem Fürsten erlaubt, nach Anhalt zurückzukehren. Aus der großen Politik hielt sich nun der Fürst bis zu seinem 1630 erfolgten Tod heraus.

Christian I. war Kanzler der Pfalz und Mitbegründer der antikaiserlichen Protestantischen Union.

Sein Halbbruder Ludwig war eher ein Schöngeist. Besonders Italien lag dem Fürsten am Herzen.

DIE FRUCHTBRINGENDE GESELLSCHAFT

Sein Halbbruder Fürst Ludwig hingegen nahm einen anderen Weg. Als Prinz wurde er während seiner Kavalierstour im Jahr 1600 in Florenz in die Accademia della Crusca, die wichtigste italienische Sprachakademie, aufgenommen. Schon im gleichen Jahr arbeitete der Prinz am ersten Wörterbuch der Akademie mit und leistete auch 1623 für die zweite Auflage einen Beitrag. Ludwig kam hier mit dem Gedanken in Berührung, dass keine Wissenschaft oder Kunst an eine Sprache gebunden sei und alles deshalb in der jeweiligen Volkssprache betrieben werden könnte.

Einerseits nahm Ludwig eine Begeisterung für Italien mit nach Anhalt. Die war so groß, dass der toskanische Gesandte Daniel Eremita 1609 den Köthener Fürstenhof über alle anderen stellte, wegen des hier herrschenden italienischen Geschmacks u.a. in Kleidung, Sitten und der Gärten.

Andererseits blieb die Idee der Wichtigkeit der Volkssprache dem Fürsten weiter gegenwärtig. 1617 gründete er, der Reformierte, zusammen mit Angehörigen seines Hofes und einigen Lutheranern, nämlich drei jungen Herzögen von Sachsen-Weimar sowie deren Hofmarschall, die »Fruchtbringende Gesellschaft«. Gemeinsames Ziel war die Förderung und Kultivierung der deutschen Sprache in Kunst, Wissenschaft und Verwaltung. Und so wie die Fruchtbringende Gesellschaft religiöse Gegensätze überbrückt, so überbrückt sie auch in den kommenden Jahrzehnten Herkunft und Stand ihrer Mitglieder. Die Gesellschaft vereinte annähernd 900 Personen, die Elite jener Zeit, ihr gehörten Fürsten, Minister und hohe Militärs an. Sie wurde zum Zentrum der Sprach- und Literaturdebatte auf deutschsprachigem Boden. Daneben war die Fruchtbringende Gesellschaft im Dreißigjährigen Krieg eine Möglichkeit, die deutsche Sprache zur Überwindung der konfessionellen, politischen und militärischen Gegensätze zu benutzen. Ludwigs Residenzstadt Köthen wurde bis zum Tod des Fürsten 1650 zum ersten und wichtigsten Sitz der Gesellschaft. Nach dem Ableben Ludwigs wandelte sich die Fruchtbringende Gesellschaft zum rein höfischen Ritterorden, womit der Niedergang eingeläutet wurde.

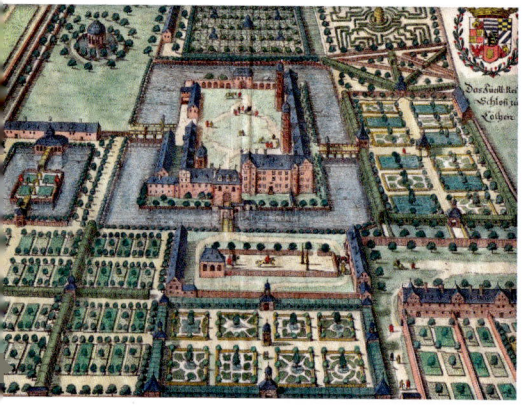

Die unter Fürst Ludwig entstandenen Gärten in Köthen gehörten zu den prachtvollsten Anlagen auf deutschem Boden.

EIN KRIEGSSCHAUPLATZ

Unterdessen war 1625 das Kriegselend über Anhalt hereingebrochen. Zum Jahresende besetzten kaiserliche Truppen die strategisch wichtige Brücke über die Elbe zwischen Dessau und Roßlau. 1583 hatte Fürst Joachim Ernst diese erste hölzerne Brücke errichten lassen, nun zog sie die Aufmerksamkeit der kriegsführenden Parteien auf sich. Im April 1626 entbrannte schließlich zwischen kaiserlich-katholischen Einheiten unter Albrecht v. Waldstein (Wallenstein) und protestantischen Truppen unter Ernst v. Mansfeld eine blutige Schlacht um die Elbbrücke. Waldstein konnte den Kampf für sich entscheiden, etwa 4.000 Tote blieben auf dem Schlachtfeld zurück.

Anhalt, das sich wie ein schmales Band quer durch Mitteldeutschland zog, wurde in den kommenden Jahren immer wieder durch Truppendurchzüge wechselnder Parteien heimgesucht. Dazu kamen Kontributionen, Plünderungen und Seuchen. Im Mai 1631, nach der Zerstörung Magdeburgs, zogen kaiserliche Truppen in Richtung Kursachsen und zerstörten dabei die Dessauer Elbbrücke. Der »Löwe aus Mitternacht«, König Gustav II. Adolf von Schweden, nahm im August des gleichen Jahres sein Hauptquartier im Coswiger Schloss. Hier wurde der für den weiteren Kriegsverlauf so wichtige »Vertrag von Coswig« (11.9.1631) besiegelt: Der sächsische Kurfürst verbündete sich mit Gustav Adolf und stellte diesem Heer und Land zur Verfügung. Wenig später schloss

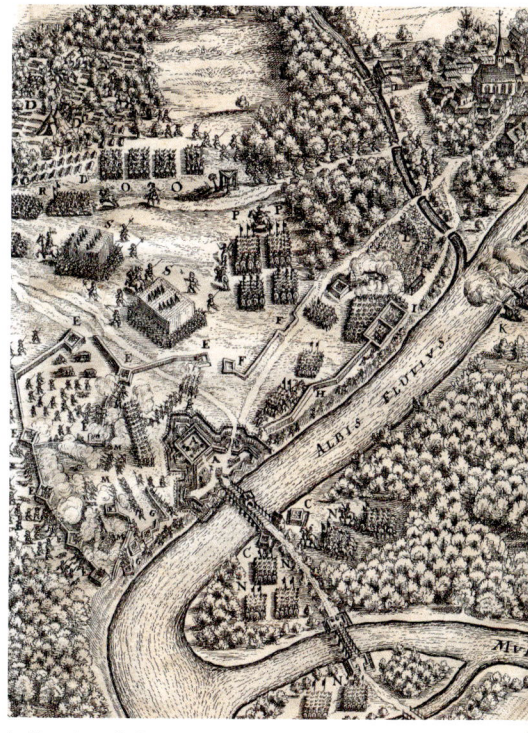

Im Kampf um die Dessauer Elbbrücke wurde am 25. April 1626 die blutigste Schlacht des Dreißigjährigen Kriegs auf anhaltischem Boden geschlagen.

sich Anhalt dem schwedischen Aufgebot an. Die Schlacht von Lützen im Folgejahr forderte das Leben des Schwedenkönigs, aber auch das des Prinzen Ernst von Anhalt-Bernburg, ein Sohn des Fürsten Christian, dem Provokateur des Kriegsausbruchs.

1635 traten die Fürsten von Anhalt dem Prager Frieden bei, der den Krieg zwischen den Reichsständen und dem Kaiser beendete. Doch Frieden herrschte deswegen noch lange nicht, denn Frankreich und Schweden kämpften weiterhin gegen den Kaiser. Gerade die Schweden sind es, die in den nächsten Jahren Anhalt verwüsten. Doch auch kaiserliche Truppen ziehen plündernd, brennend und raubend durch das Land. Zeitweise sind 14 Regimenter verschiedener Kriegsparteien gleichzeitig in Anhalt und erpressen Nahrungsmittel und Geld. Immer wieder flackern Kampfhandlungen auf. So halten 1644 die Schweden das Bernburger Schloss und beschießen von hier aus die Stadt, die ihrerseits von kaiserlichen Truppen eingenommen ist. »Die Zeit war so beschaffen, dass es kein Wunder gewesen wäre, wenn Himmel und Erde Blut geweint hätten« heißt es in einer anhaltischen Chronik. Bis zum Ende des Dreißigjährigen Kriegs ist mindestens ein Drittel der Bevölkerung Anhalts durch Kampfhandlungen oder Epidemien wie der Pest umgekommen. Gleichzeitig sind die wirtschaftlichen Grundlagen zerstört und die Landesschulden auf ein Rekordniveau gestiegen. Sie betragen nun etwa 500.000 Taler, der Ertrag aller Fürstentümer in fünf Jahren.

Beim Abschluss des Westfälischen Friedens gelang es den Fürsten nicht, ihren seit mehr als 330 Jahren aufrecht erhaltenen Anspruch auf Aschersleben in die Realität umzusetzen. Als Teil des Bistums Halberstadt fällt Aschersleben an Kurbrandenburg.

Erst deutlich nach dem Dreißigjährigen Krieg begannen die Fürsten, etwas gegen die ständigen und das Land schwächenden Erbteilungen zu unternehmen – verschiedene Erstgeburtsregelungen werden verabschiedet. Bis zu ihrer Durchsetzung kam es zu weiteren, oft nur für kurze Zeit bestehenden Miniaturfürstentümern wie Anhalt-Bernburg-Harzgerode oder Anhalt-Bernburg-Schaumburg-Hoym.

König Gustav II. Adolf von Schweden nahm im August 1631 sein Hauptquartier im Coswiger Schloss. Hier wurde der für den weiteren Kriegsverlauf so wichtige »Vertrag von Coswig« geschlossen.

Harzgerode war ab 1635 Mittelpunkt eines kleinen anhaltischen Zwergfürstentums

DAS FÜRSTENTUM ANHALT-BERNBURG-HARZGERODE

Die Nebenlinie entstand unter Friedrich von Anhalt-Bernburg (1613-1670), einem Sohn des Fürsten Christian I.. Im Dezember 1635 teilte er mit seinem älteren Bruder Christian II. das hinterlassene Erbe des Vaters und bekam die Ämter Harzgerode, Güntersberge und einige kleine Dörfer, die nun als Fürstentum Anhalt-Bernburg-Harzgerode selbständig wurden. Doch sein Ländchen war durch den Dreißigjährigen Krieg ruiniert, dazu kam, dass seine Residenzstadt Harzgerode unglücklicherweise kurz nach seinem Amtsantritt abbrannte. So übergab der Fürst sein Land dem älteren Bruder zur Verwaltung und begab sich auf Reisen und in fremde Militärdienste. Erst 1641 kehrte er auf Drängen des Bruders in sein Fürstentum zurück und heiratete im Folgejahr. Er versuchte, sein Land aus den letzten Kriegshandlungen herauszuhalten und gründete 1646 mit dem Quedlinburger Tuchhändler Johann Heidfeld eine Eisenhütte in Mägdesprung. Nach dem Tode seiner Gemahlin reiste er ab 1650 wiederum durch Europa, erst der Tod seines Bruders ließ ihn 1656 zurückkehren.

1665 konnte das Amt Plötzkau dazu erworben werden, da die Plötzkauer Verwandtschaft die Herrschaft über Anhalt-Köthen angetreten hatte.
Sein einziger Sohn, der 1643 in Harzgerode geborene Wilhelm, hatte unter dem Pseudonym eines *Baron de Hartz* bzw. des *Grafen von Beringen* eine achtjährige Bildungsreise durch Europa absolviert. Nach seiner Rückkehr 1668 führte er den Wiederaufbau des Landes nach dem Dreißigjährigen Krieg fort. Unter anderem gründete er das Vorwerk Wilhelmshof unweit der alten Stammburg Anhalt, 1688 entstand unter seiner Führung die Neustadt von Harzgerode, die 1705 nach seiner zweiten Gemahlin Auguste von Nassau-Dillenburg in Augustenstadt umbenannt wurde. In Zusammenarbeit mit auswärtigen Kaufleuten wurde die Tradition des Harzer Bergbaus wieder forciert, doch kam es zu Misswirtschaft, Fällen von Unterschlagung und letztendlich waren die Zechen nicht so ergiebig wie erhofft. Mit dem kinderlosen Tod des Fürsten Wilhelm 1709 fiel sein Fürstentum an Anhalt-Bernburg zurück.

DAS FÜRSTENTUM ANHALT-BERNBURG-SCHAUMBURG-HOYM

Eigentlich Teil von Anhalt-Bernburg, wurde die Hoymer Nebenlinie durch den Prinzen Lebrecht (1669-1727) gegründet, den zweitgeborenen Sohn des Bernburger Fürsten Victor Amadeus. Lebrecht bekam das anhaltische Hoym als Paragium (Landbesitz ohne herrschaftliche Rechte) zugesprochen, nachdem er schon die unter preußischer Landeshoheit liegenden Güter Haus Zeitz und Belleben bekommen hatte. Doch damit wollte sich Lebrecht nicht zufriedenstellen und strebte den Titel eines Fürsten von Anhalt-Zeitz-Hoym an. Er vermählte sich 1692 mit Charlotte von Nassau-Dillenburg-Schaumburg, die als Enkelin des Feldmarschalls Melander dessen großes Vermögen erbte sowie später dem gemeinsamen Sohn Victor die reichsunmittelbare Grafschaft Holzappel und die Herrschaft Schaumburg verschaffte.

Doch hatte das Haus Anhalt-Bernburg bereits 1667/1677 die Primogenitur (Erstgeburtsrecht) eingeführt, so dass die förmliche Abspaltung und die Führung eines separaten Fürstentitels immer wieder durch Lebrechts älteren Bruder, den regierenden Fürsten Karl Friedrich von Anhalt-Bernburg kritisiert wurden. In der Folge kam es zu heftigen Streitereien, die schließlich in militärischen Konfrontationen und der Besetzung von Hoym mündeten. Den Konflikt legte man offiziell 1709 bei, doch er brach immer wieder auf und wurde auch nach dem Tode der beiden Brüder fortgesetzt. Denn zwischen 1714 und 1721 hatte Lebrecht in Hoym das heutige Schloss erbauen lassen und den Ort zur Residenzstadt seines kleinen Fürstentums Anhalt-Bernburg-Hoym erklärt.

Lebrechts Sohn Victor I. erbte 1707 aus dem Besitz der Großmutter mütterlicherseits Herrschaft und Schloss Schaumburg und trat mit seiner Volljährigkeit im Jahr 1714 die Regierung in Schaumburg und Holzappel an. Als sein Vater 1727 starb, vereinigte er alle geerbten Besitzungen zum Fürstentum Anhalt-Bernburg-Schaumburg-Hoym.

Die Streitigkeiten mit der Bernburger Hauptlinie setzten sich dadurch auch während seiner Regentschaft fort. Mit dem Tode Friedrichs von Anhalt-Bernburg-Schaumburg-Hoym, des fünften und letzten Fürsten im Jahre 1812, erlosch die anhaltische Nebenlinie. Der Hoymer Besitz fiel an die Bernburger Hauptlinie, Schaumburg und Holzappel kamen über Friedrichs Großnichte Hermine an das Haus Habsburg. Die anhaltinischen Güter Haus Zeiz und Belleben waren dabei Gegenstand eines Rechtsstreits, der erst 1828 zu Gunsten von Anhalt-Bernburg entschieden wurde.

Wappen der Fürsten von Anhalt-Bernburg-Schaumburg-Hoym

ANNÄHERUNG AN BRANDENBURG-PREUSSEN

Der Dreißigjährige Krieg hatte Anhalt für Jahrzehnte zurückgeworfen. Dann sind es vor allem die östlichen Gebiete Anhalts, die erneut an wirtschaftlicher und kultureller Bedeutung gewannen. Auch Meisterwerke der barocken und später klassizistischen Architektur sind vor allem östlich der Elbe-Saale-Linie zu finden.

Bei der Überwindung der Kriegsfolgen verdichtete sich das Band zwischen Anhalt und Brandenburg-Preußen, dem mächtigen Nachbarn im Norden. Begünstigt wurde dies durch die reformiert-calvinistische Konfession, der beide Herrscherhäuser angehörten. Der spätere Fürst Johann Georg II. von Anhalt-Dessau trat 1658 in kurbrandenburgische Militärdienste und begründete damit eine gut zweihundert Jahre anhaltende Tradition.

Die Beziehungen wurden nochmals enger, als der Fürst im Folgejahr die holländische Prinzessin Henriette Katharina von Nassau-Oranien heiratete und dadurch auch noch zum Schwager des Großen Kurfürsten Friedrich Wilhelm von Brandenburg wurde. In preußischen Diensten stieg der Fürst aus Anhalt zum Generalfeldmarschall und ab 1674 Statthalter der Kurmark auf.

In seiner Heimat beförderte er die wirtschaftliche Entwicklung, trat aber auch für religiöse Toleranz ein. So kam un-

Zu Erinnerung an die oranische Herkunft der Dessauer Fürstin Henriette Katharina wurde das Dorf Nischwitz in Oranienbaum umbenannt

Ihr Gemahl Johann Georg II. begründete eine gut zweihundertjährige Tradition: Anhalts Fürsten und Prinzen in brandenburg-preußischen Militärdiensten

ter seiner Mitwirkung 1679 der Zerbster Religionsvertrag zwischen Reformierten und Lutheranern zustande. Dieser erlaubte den Lutheranern in Zerbst den Bau einer eigenen Kirche, der Trinitatis-Kirche. 1686 gestattete er den Juden in Dessau den Bau einer Synagoge, 1690 gewährte Johann Georg den in der Residenzstadt verbliebenen Lutheranern freie Religionsausübung und ebenfalls den Bau eines eigenen Gotteshauses.

HOLLAND IN MITTELDEUTSCHLAND

Holland, die Heimat von Fürstin Henriette Katharina, der Gemahlin Johann Georg II., hatte im 17. Jahrhundert einen beispiellosen Aufstieg genommen und auch im Dreißigjährigen Krieg kaum gelitten. Durch die eheliche Verbindung mit dem Haus Nassau-Oranien flossen nun aus diesem kulturell wie wirtschaftlich gutstehenden und auch im europäischen Maßstab modernen Land Anregungen und finanzielle Mittel nach Anhalt wie nach Brandenburg.

Es ist kein Zufall, dass die ersten großen Bauprojekte nach dem Dreißigjährigen Krieg in Anhalt durch einen Holländer, den Baumeister Cornelis Ryckwaert, geleitet werden.

Schloss Coswig in Anhalt-Zerbst ist der

Schloss Coswig aus der Vogelperspektive, Kupferstich nach J. T. Schuchart, 1698

Schloss Oranienbaum steht beispielhaft für die niederländische Prägung des Frühbarock in Anhalt

erste Bau, an dem Ryckwaert tätig wird. Das Schloss wird zur Geburtsurkunde des Barock in Anhalt.

Geld dafür kam aus der vom großen Krieg unversehrten Herrschaft Jever an der Nordsee, die 1667 durch Erbgang an Anhalt-Zerbst gefallen war. Das noch heute florierende Braugewerbe in Jever soll auf die früher berühmten Zerbster Braumeister zurückgehen.

Nach dem Tode des letzten Anhalt-Zerbster Fürsten fiel die Herrschaft Jever 1793 an dessen Schwester, die russische Zarin Katharina.

Nach seinem ersten Bauvorhaben in Anhalt wirkte Ryckwaert am Neubau des Residenzschlosses Zerbst und der dortigen Trinitatiskirche sowie bei der Gestaltung des Großen Marktes in Dessau.

Generell unterschied sich der calvinistisch-nüchterne frühe Barockstil in Anhalt fast zur Gänze vom opulent-beschwingten Barock im süddeutschen Raum.

Ryckwaerts Meisterstück aber ist die Neuschöpfung von Stadt und Schloss Oranienbaum. Zur Erinnerung an die Herkunft der Fürstin Henriette Katharina wurde der Ort, der bis dahin Nischwitz hieß, etwa 1673 in Oranienbaum umbenannt. Eine Parallele zu Oranienstein in Nassau, Oranienburg in Brandenburg und Oranienhof bei Bad Kreuznach, wo jeweils Schlossbauten für die drei Schwestern der Fürstin errichtet wurden. Mit der 1683 beginnenden Anlage des Ensembles aus Stadt, Schloss und Garten entstand ein barocker Gesamtkomplex, den es so kein zweites Mal in Deutschland gibt.

Ansonsten ist es gerade Anhalt-Zerbst, in dem auch in den nächsten Jahrzehnten sowohl beim Adel als auch beim Bürgertum am reichlisten gebaut wird. Anstelle des Heraushebens der Giebel und Zwerchhäuser wird nun die Straßenseite der Palais und Bürgerhäuser durch Risalite und Pilaster geschmückt.

JUDEN IN ANHALT

Die Judensau wie hier an der Zerbster St. Nicolai-Kirche ist ein häufiges Bildmotiv der antisemitischen christlichen Kunst. Die Darstellung sollte gezielt Juden demütigen, da das Schwein im Judentum als unrein gilt und mit einem religiösen Nahrungstabu belegt ist.

Einen nicht zu unterschätzenden Anteil am wirtschaftlichen Aufschwung Anhalts an der Wende zum 18. Jahrhundert hatte die jüdische Bevölkerung. Zwar ist jüdisches Leben in einigen Städten Anhalts wie in Zerbst oder Bernburg schon für das Mittelalter belegt, doch wurden die Juden wie in anderen Gebieten Deutschlands zum Ende des Mittelalters überwiegend verdrängt.

Die tolerante Landespolitik nach dem Dreißigjährigen Krieg, gemischt mit klar wirtschaftlichen Gedanken, erlaubte den Juden die Rückkehr und dauerhafte Ansiedlung im kleinen Land. Damit wurde Anhalt zu einem deutschen Protagonisten für die Akzeptanz der Juden. Moses Benjamin Wulff (um 1660-1729) wurde 1685 als »Hofjude« nach Dessau berufen. Wulff war sowohl in der Reorganisation des Münzwesens, der Steuererhebung, der Verwaltung des fürstlichen Vermögens als auch der Ausrüstung der Truppen tätig.

In den kommenden Jahrzehnten entfaltete sich in Anhalt eine rege jüdische Kultur. Das wirtschaftliche und geistig-kulturelle Leben in vielen Städten wurde durch die jüdische Bevölkerung wesentlich mitgestaltet. Der Anteil der jüdischen Einwohner betrug in manchen Städten wie Dessau zeitweise 10 Prozent. Aus den jüdischen Gemeinden Anhalts gingen solch große Persönlichkeiten wie die Philosophen Moses Mendelssohn (als »Nathan der Weise« in den europäischen Literaturkanon eingegangen), Hermann Cohen und der Komponist Kurt Weill hervor. Synagogen oder Betsäle gab es in mindestens 24 Orten. Viele dieser Gebäude verloren allerdings schon im 19. Jahrhundert mit der Aufgabe kleinerer Landgemeinden ihre ursprüngliche Funktion, wurden abgetragen oder dienten fortan als Wohnhaus. Das volle Bürgerrecht erhielten die Juden übrigens erst mit der Revolution 1848.

Der aus Dessau stammende jüdische Philosoph Moses Mendelssohn (1729-1786) war das Vorbild für Lessings Figur »Nathan der Weise«

IM GLEICHSCHRITT MIT PREUSSEN

Sämtliche Fürsten von Anhalt waren am Ende des 17. Jahrhunderts bemüht, ihren Einfluss in den eigenen Landen zu mehren und eine absolutistische Herrschaft zu etablieren. 1698 tagte so der Allgemeine anhaltische Landtag ein letztes Mal.
Von den anhaltischen Fürsten um 1700 ist Leopold I. von Anhalt-Dessau (1676-1747) der bedeutendste. Der Sohn von Johann Georg II. und der oranischen Prinzessin Henriette Katharina trat gleich dem Vater in brandenburg-preußische Militärdienste. Leopold entwickelte sich zum überragenden Offizier und wurde zum ersten preußischen Militärreformer. Ruhm erwarb sich Leopold bereits als Führer des preußischen Kontingents im Spanischen Erbfolgekrieg auf Seiten der Österreicher (1701-1714). Schon 1712 wurde er zum preußischen Generalfeldmarschall ernannt. Aufgrund seines militärischen Geschicks machten ihn Kaiser Karl VI. und die Reichsstände 1734 zum Reichsgeneralfeldmarschall.
Die Einführung gleicher Ausrüstung, des Gleichschritts und des eisernen Ladestocks zur Erhöhung der Schussfrequenz werden ihm zugeschrieben. Intensives Exerzieren bildete die Grundlage für ein fast automatisiertes Handeln seiner Soldaten im Gefecht. Neuerungen testete er an seinem Regiment »Alt Anhalt«. Durch diese und andere Reformen wurde das preußische Heer das schlagkräftigste in Europa. Mit dem Preußenkönig Friedrich Wilhelm I., dem »Soldatenkönig«, verband ihn tiefe Freundschaft. Obwohl Nichtraucher, war

Fürst Leopold I. von Anhalt-Dessau (1676-1747), gen. »der Alte Dessauer«

er Mitglied von dessen Tabakskollegium. Eine seiner letzten großen Schlachten war der vernichtende Sieg über das österreichisch-sächsische Heer bei Kesselsdorf 1745, womit er für Preußen und dessen König Friedrich den Großen den Zweiten Schlesischen Krieg beendete.
Trotzdem der Fürst viel außerhalb seines Heimatlandes war, hat er gleichzeitig Anhalt-Dessau reformiert. Allerdings nicht auf militärischem Gebiet, sondern wirtschaftlich und organisatorisch. So hat er mit dem in Militärdiensten erworbenem Geld fast die gesamten Rittergüter in seinem Land aufgekauft. Dies war vorbildhaft für die anderen anhaltischen

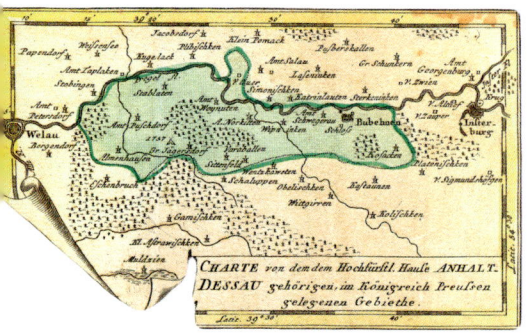

Anhalt in Ostpreußen: Westlich von Insterburg (heute Tschernjachowsk) konnte der Dessauer Fürst Leopold I. bedeutende Besitzungen erwerben. Sie sind heute Teil der russischen Exklave Kaliningrad.

Fürstentümer und führte zu einem zahlen- und einflussmäßigen Verschwinden des anhaltischen Adels. Zählte man um 1600 in Anhalt noch mehr als 90 verschiedene Adelsgeschlechter auf rund 150 Rittergütern, gab es zum Ende des 19. Jahrhunderts nur noch 45 Rittergüter (im ehemaligen Fürstentum Dessau sogar nur eins davon) gegenüber 62 Domänen. Die Einkünfte aus den verpachteten staatlichen bzw. fürstlichen Domänen machten ab jetzt einen Großteil der Landeseinnahmen aus.

Leopold, der fast ein halbes Jahrhundert Landesherr war, konnte bis zu seinem Tod 1747 mit seiner Siedlungspolitik ein Dutzend Dörfer neu anlegen. Große Flächen des fruchtbaren Marschlandes an Mulde und Elbe ließ der Fürst trockenlegen und durch Kanäle und Dammbauten sichern. Auch die Förderung von Manufakturen sowie des einträglichen Obstbaus gehen auf ihn zurück. Zwischen 1721 und 1726 konnte Leopold bedeutende Besitzungen in Ostpreußen um die Dörfer Bubainen und Norkitten herum erwerben (heute Oblast Kaliningrad, Russland). Rechtlich war dieses Gebiet von etwa 125 km^2 jedoch nicht Eigentum des Landes Anhalt, sondern Privatbesitz des Fürsten- und späteren Herzogshauses und blieb dies auch bis zur Enteignung im Jahr 1945.

Insgesamt gelang es durch viele umsichtige Maßnahmen, während Leopolds Regentschaft die Schulden Anhalt-Dessaus vollständig abzubauen.

Sein teilweise rustikal-burschikoses Auftreten, die Ehe mit der bürgerlichen Apothekerstochter Anna Luise Föhse und das bürgernahe Leben am Dessauer Hof haben Fürst Leopold I. zum volkstümlichsten aller anhaltischen Fürsten werden lassen. Schriftsteller wie Theodor Fontane oder Karl May haben ihm, dem »Alten Dessauer«, in Anekdoten, Gedichten und Erzählungen literarische Denkmäler gesetzt.

Der Ehe mit Anna Luise Föhse (1701 zur Reichsfürstin erhoben) entsprangen fünf Söhne, die nach dem Vorbild des Vaters in Militärdienste traten und höchste Dienstgrade erreichten. Der älteste Sohn und designierte Thronfolger Wilhelm Gustav gestand auf dem Totenbett seinem Vater eine heimlich eingegangene Ehe mit einer Bürgerlichen. Was sich der Vater erlaubte, versagte er dem Sohn:

Die Kinder Wilhelm Gustavs wurden von der Thronfolge ausgeschlossen.

BAROCKE MUSIKKULTUR IN ANHALT

Trotz ihrer Kleinheit übten Anhalts Residenzen eine nicht geringe Anziehungskraft auf die großen Künstler ihrer Zeit aus. Manche Residenz wurde zu einem regelrechten Musenhof. So wirkte Johann Sebastian Bach (1685-1750) am Köthener Hof, bei einem seiner Aussage nach »ebenso Musik kennenden wie liebenden Fürsten«. 1717 hatte ihn der musikalische Fürst Leopold von Anhalt-Köthen zum Kapellmeister berufen. Die Köthener Kapelle war für eine so kleine Residenz herausragend, zum Teil gehörten ihr Musiker der aufgelösten Kapelle des preußischen Königs Friedrich Wilhelm I. an. Auch gute Instrumente waren dem Fürsten, der lediglich über zehntausend Untertanen herrschte, einiges Geld wert. Es war eine künstlerisch produktive Zeit für Bach, so sind die später so benannten »Brandenburgischen Konzerte« ebenso wie der erste Teil des »Wohltemperierten Klaviers« hier entstanden. Andererseits war es aber eben hauptsächlich weltliche Musik, die in Köthen komponiert und aufgeführt wurde. Denn das reformierte Bekenntnis der Fürsten führte zu wenig Bedarf an geistlicher Musik, da die Gottesdienste nach reformierter Überzeugung schlicht gehalten werden sollten. Nicht ganz klar sind die Gründe, weshalb Bach sich letztendlich von Köthen abwandte und Ende Mai 1723 seine Tätigkeit als Thomaskantor

Schloss Köthen: Wirkungsstätte des Komponisten J. S. Bach, der hier von 1717 bis 1723 Hofkapellmeister war

in Leipzig aufnahm. Trotzdem durfte er den Titel eines Fürstlich-Köthen'schen Kapellmeisters weiterführen und lieferte auch noch bis zum Tode des Fürsten 1728 Musikstücke an das Fürstenhaus. Zu den Bewerbern um die Stelle als Thomaskantor gehörte auch ein anderer Musiker: Johann Friedrich Fasch (1688-1758), ebenfalls einer der bedeutendsten deutschen Instrumentalkomponisten jener Jahre. Da er jedoch im Herbst 1722 die Stellung eines Hofkapellmeisters in Zerbst antreten konnte, zog er seine Bewerbung auf den Posten des Thomaskantors zurück. Fasch blieb bis zu seinem Tode dem Zerbster Hof treu. Sein Sohn ist der in Zerbst geborenen Carl Friedrich Christian Fasch (1736-1800), der Begründer der Sing-Akademie zu Berlin.

Überregionale Bedeutung erlangte auch Friedrich Wilhelm Rust (1739-1796). Der in Wörlitz geborene Komponist und Geiger wurde u.a. von den Brüdern Wilhelm Friedemann und Carl Philipp Emanuel Bach unterrichtet. Spätestens seit einer Italienreise im Gefolge des Fürsten Franz im Jahr 1767 stand Rust in anhaltischen Diensten. Dabei baute er die Hofkapelle zu einem leistungsfähigen Orchester aus, bildete Sänger und Chor heran. Schließlich gelang es ihm, den Hof und die bürgerliche Gesellschaft für die Einrichtung öffentlicher Konzerte und eines Theaters (1775) zu gewinnen, wodurch er die Grundlagen für die weitere Entwicklung des anhalt-dessauer Musiklebens legte. Seit 1775 war er Fürstlich anhalt-dessauischer Musikdirektor und Leiter des Theaters in Dessau. Goethe war von ihm so beeindruckt, dass er einen Großteil seiner Werke von ihm vertont haben wollte. Rusts anspruchsvolle Klavier- und Violinwerke können teilweise bereits der Klassik zugeordnet werden.

Fast einem anderen Zeitalter gehört der vierte unter den großen anhaltischen Barockkomponisten an: Carl Christian Agthe (1762-1797), der »Mozart des Harzes«, war ein Schüler Rusts und seit 1782 an der Hofkapelle im anhaltbernburgischen Ballenstedt tätig. Sein musikalisch-schöpferisches Tun fand durch seinen frühen Tod im Alter von 35 Jahren ein jähes Ende.

Die Brandenburgischen Konzerte entstanden in Anhalt: Johann Sebastian Bach komponierte sie während seiner Zeit in Köthen.

DIE RUSSISCHE HEIRAT

In Anhalt-Zerbst feierte man derweil 1745 die eheliche Verbindung der Prinzessin Sophie Auguste Friederike mit Karl Peter Ulrich von Holstein-Gottorf, dem Thronfolger des russischen Zarenreichs. Der Vater der Prinzessin, Christian August aus der Nebenlinie Anhalt-Zerbst-Dornburg, war – natürlich – ebenfalls in preußische Militärdienste getreten und bis zum Generalfeldmarschall, der höchsten militärischen Würde Preußens, aufgestiegen. Nach dem Aussterben der Anhalt-Zerbster Hauptlinie wurde Christian August zum regierenden Fürsten von Anhalt-Zerbst.

Preußenkönig Friedrich II. betrieb und förderte die eheliche Verbindung zwischen dem im europäischen Maßstab völlig bedeutungslosen Anhalt-Zerbst und dem mächtigen Russland aus berechnendem Kalkül. Ziel war für ihn, mit dieser Hochzeit Russland als Bündnispartner an die Seite Preußens zu holen.

Die junge anhaltische Prinzessin konvertierte zum russisch-orthodoxen Glauben und nahm den Vornamen Katharina an. Im Gegensatz zu ihrem Ehemann Peter lernte sie intensiv russisch und interessierte sich für Politik. Im Januar 1762 übernahm Peter die Regierung, schon im Juni wurde gegen ihn geputscht, Peter letztendlich sogar ermordet und Katharina zur russischen Zarin gekrönt. Eine wie auch immer geartete Beteiligung am Mordkomplott wurde ihr nie nachgewiesen. Die aufgeklärte und schöngeistige Monarchin hat Russland umfassend modernisiert. Als einzige Frau in der Geschichte erhielt sie den Beinamen »die Große«.

Die hohen Repräsentationspflichten, vor denen die Eltern der Zarin nun standen, führten zu einer Wiederaufnahme der Bautätigkeit am Zerbster Residenzschloss und dem Neubau des vorgesehenen Witwenschlosses Dornburg, das eine der großartigsten Schlossanlagen des Barocks werden sollte. Hierfür wurde der Architekt Joachim Friedrich Stengel berufen, der zu den größten Baumeistern des 18. Jahrhunderts gehört. Doch wurde

Bronzedenkmal für Katharina II. in Zerbst, 2009 vom russischen Bildhauer Michael W. Perejaslawez geschaffen

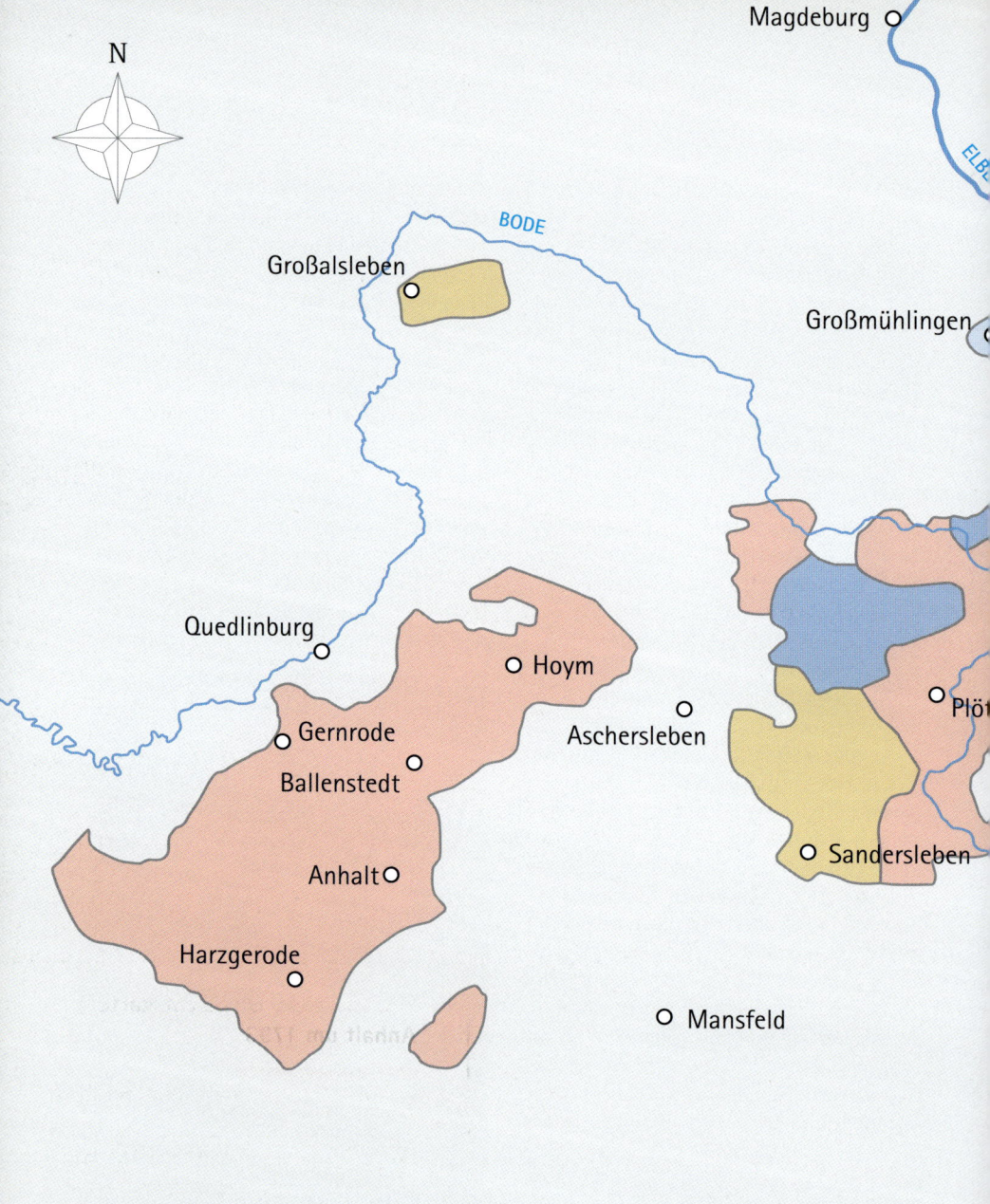

Sollte eine der imposantesten Schlossanlagen des Barock werden, wurde aber nie fertiggestellt: Schloss Dornburg

in Dornburg nur das Corps de Logis als Außenhülle fertiggestellt, der Siebenjährige Krieg und der Tod der Fürstinwitwe im Pariser Exil 1760 unterbrachen den auch später nie vollendeten Bau.

Fürst Friedrich August von Anhalt-Zerbst (1734-1793), der Bruder der großen Katharina, hatte weder die Willenskraft noch die Fähigkeiten seiner Schwester. Aus Angst vor Friedrich dem Großen, aber auch aus Misstrauen gegenüber der Zerbster Bürgerschaft, lebte der Fürst seit 1764 im Exil im Ausland. Mit dem unrühmlichen Verkauf von 1.152 Landeskindern, die als englische Soldaten im fernen amerikanischen Bürgerkrieg kämpfen mussten, besserte er seine Staatskasse auf. Währenddessen führte eine korrupte und unfähige Hofkamarilla sein Land an den Rand des Abgrunds.

Mit Friedrich Augusts erbenlosen Tod 1793 erlosch das Fürstenhaus Anhalt-Zerbst. Nach einer Zeit der gemeinsamen Verwaltung teilten die drei verbliebenen Fürstenhäuser das Land 1796 per Losentscheid auf:

Die Ämter Lindau und Roßlau fielen an Anhalt-Köthen, Zerbst an Anhalt-Dessau und Coswig an Anhalt-Bernburg.

DAS FRANZ'SCHE ZEITALTER

Mit dem Regierungsantritt des Fürsten Leopold III. Friedrich Franz von Anhalt-Dessau (1740-1817) im Jahre 1758 begann ein wahres Reformzeitalter.
Mit elf Jahren war der Fürst zur Vollwaise geworden, ein Onkel führte die vormundschaftliche Regierung. Wie im Fürstenhaus Anhalt üblich, war auch für den jungen Franz eine militärische Laufbahn im Dienste Brandenburg-Preußens vorgesehen. Unter dem Eindruck der Schlacht bei Kolin trat der Erbprinz jedoch 1757 aus der preußischen Armee aus. Mit Zustimmung des Kaisers im Folgejahr 1758 für volljährig erklärt, übernahm er die Regentschaft in Anhalt-Dessau. Rund 35.000 Einwohner hatte sein kleines Reich. Im weiteren Verlauf des Siebenjährigen Krieges hielt Leopold sein Fürstentum neutral. Auf die anhaltische Neutralitätserklärung schrieb Friedrich II. von Preußen »ihre Neutralität wird ihnen bekommen, wie den Hunden das Grasfressen«. Anhalt musste als Strafaktion von Preußen auferlegte Kontributionen zahlen und hunderte Rekruten stellen.
Zum wegweisenden Architekten des Franz'schen Zeitalters wurde der aus sächsischem Adel stammende Friedrich Wilhelm v. Erdmannsdorff, den Franz bereits an seinem 16. Geburtstag kennengelernt hatte. Eine lebenslange Freundschaft schloss sich an. Erdmannsdorff, der Kavalierarchitekt, war dennoch während seines ganzen Lebens bemüht, sich seine Unabhängigkeit zu bewahren und keine Amtspflichten auferlegt zu bekommen. Die »schöne Baukunst« war Ziel des Erdmannsdorff'schen Strebens. Dabei hat Erdmannsdorff später nicht nur Schlossbauten errichtet, sondern ebenso Bürgerwohnhäuser, Schulen und Wirtschaftsbauten.
Nach dem Hubertusburger Frieden 1763 begannen für das Freundespaar umfangreiche Bildungstouren ins fortschrittliche England, nach Italien, Frankreich, Holland und in die Schweiz. Hier betrieb man zugleich kulturhistorische wie ökonomische Studien.

Reformfürst und Landesvater: Fürst Leopold III. Friedrich Franz von Anhalt-Dessau, gen. »Vater Franz«

Friedrich Wilhelm Freiherr von Erdmannsdorff (1736-1800), Freund und wichtigster Architekt des Fürsten Franz

Die auf den Reisen gewonnenen Erkenntnisse und die Ideen der Aufklärer, mit denen Franz Kontakt hatte, wurden im Heimatland umgesetzt und führten zu zahlreichen Reformen auf den Gebieten Bildung, Gesundheits- und Sozialwesen, Straßenbau, Land- und Forstwirtschaft und Gewerbe. Anhalt-Dessau wurde in rund zwei Jahrzehnten zu einem der modernsten Kleinstaaten im Deutschen Reich, war in vielem seiner Zeit weit voraus und wurde darum zum Vorbild für andere Reformer.

Ein erster Höhepunkt der Dessauer Reformbemühungen war 1774 die Eröffnung des Philantropin, der als »Stätte der Menschenfreundschaft« bezeichneten Reformschule. Der Fürst hatte für dieses Vorhaben den Radikalaufklärer Johann Bernhard Basedow gewonnen. Basedow, »der Prophet«, propagierte ein neues Schüler-Lehrer-Verhältnis, es kam zur Einführung des Schulsports, gemeinsamer Gartenarbeit, Handwerksunterricht und Wanderfahrten.

Doch das Philantropin musste schon aufgrund des erhobenen hohen Schulgeldes eine Standesschule bleiben. 1779 gründete Franz deshalb in Wörlitz ein erstes Lehrerbildungsseminar, in welchem die Grund- und Dorfschullehrer des Landes aus- und fortgebildet werden sollten. Mit den beiden Schulverfassungen von 1785 und 1787 kam die Pädagogikreform zu ihrem vorläufigen Höhepunkt.

Einen zweiten Reformhöhepunkt stellte 1781 die Gründung der »Allgemeinen Buchhandlung der Gelehrten und Künstler« dar. Dieser Verlag, eine Gründung des Philantropin-Lehrers Carl C. Reiche, wollte die Autoren emanzipieren und ihnen zugleich weit bessere Konditionen einräumen, als dies landläufig üblich war. Neben dem finanziell attraktiven Aspekt war es vor allem das Fehlen einer Zensurbehörde, die der Fürst trotz verpflichtendem Reichsgesetz in Anhalt-Dessau nicht eingerichtet hatte. Der Versuch scheiterte aber schon nach vier Jahren, weil Carl C. Reiche mit Anfragen und Aufträgen schlicht überlastet war.

Mit der Übernahme der Chalkographischen Gesellschaft 1796 sollte eigentlich der Grundstein für eine Dessauer Kunstakademie gelegt, zugleich aber Kunst und Kunstwerke einer breiteren Öffentlichkeit im deutschsprachigen Raum näher gebracht werden. In den wenigen Jahren ihres Bestehens gab die Gesell-

Der Venustempel zu Wörlitz 1797. Eine durch die Chalkographische Gesellschaft herausgegebene Darstellung in Aquatina von Karl Kuntz

schaft 163 Kupferstiche und Aquatinta heraus. Sie begründete gleichzeitig die Tradition der anhalt-dessauer Landschaftsmalerei, die mit Carl Wilhelm Kolbe (der wegen seiner markanten Darstellung der Eichen in der Elbe- und Muldeaue sogenannte Eichen-Kolbe) ihren Anfang nahm und von denen die Gebrüder Olivier wohl den Höhepunkt markieren.

Die Intensivierung von Landwirtschaft und Gartenbau nach neuesten Erkenntnissen und die Anlage von landwirtschaftlichen und technischen Musterbetrieben erhöhten die Wirtschaftskraft des kleinen Landes deutlich. Es kam zu ersten Separationen und Landverteilungen aus den fürstlichen Domänen.

Einher ging eine großräumige Landschaftsgestaltung mit der Anlage von ordentlichen Chausseen und Straßen, die rechts und links von mehreren Baumreihen – meist Obstbäumen – gesäumt waren.

DAS GANZE LAND EIN GARTEN

In England war im 18. Jahrhundert ein neuer Stil von Landschaftsgärten entstanden. Im bewussten Gegensatz zu den formalen Gärten des Barocks ging es nun um die freie Entfaltung der Natur mit ihren Bäumen und Pflanzen, der Erde und dem Wasser. Ganz im Sinne der Aufklärung sollte dabei das Schöne mit dem Nützlichen verbunden werden. Mit Tempeln, Ruinen, Urnen und Figuren wurden immer wieder spielerisch die Gegensätze Naturschöpfung und Kunstwerk, Ewigkeit und Zeit aufgegriffen.

Dieses umsetzend, entstand auf Veranlassung des Fürsten Franz in Anhalt das heute so genannte Dessau-Wörlitzer Gartenreich. Dazu gehören Park und Schloss Großkühnau, Luisium und Georgium, der Sieglitzer Berg bei Vockerode und Oranienbaum. Für das Haupt- und Meisterwerk des Fürsten bot sich die Ortslage von Wörlitz an. Die weiten Wiesenflächen der Elbaue mit ihren riesigen Solitäreichen und das Vorhandensein von Wasserflächen bot die ideale Ausgangssituation. Dabei griff der Fürst stark in

Die Wörlitzer St. Petri-Kirche ist die Krönung einer ganzen Reihe neugotischer Kirchen in Anhalt. Mit ihren markanten Türmen leuchten sie weit ins flache Anhalt-Land (kolorierter Stahlstich um 1845).

Vorhandenes ein: Alte Wohnhäuser und das barocke Schloss wurden abgebrochen, die romanische Kirche neugotisch neu errichtet, die ringsum vorhandenen Gräber eingeebnet.

Gerade die Wörlitzer Anlagen führen dem kundigen Besucher vor Augen, dass jede Kleinarchitektur, jede Inschrift, jedes Gebäude umwoben ist von der Gedankenwelt der Aufklärung.

Über den Schweizer Philosophen Johann Caspar Lavater kam der Fürst mit den Ideen Johann Gottfried Herders über deutsche Kunst und Art in Berührung. Dies führte zur Vertiefung des seit der ersten England-Reise des Fürsten bestehenden Interesses an der Gotik und am Mittelalter. Zunächst waren die mittelalterlich anmutenden neugotischen Gebäude in den Landschaftsparks nach englischem Vorbild reine Kulissenbauten. Mit dem Nachdenken über »deutsche Art«, im Kampf um Freiheit und Einheit dann während der anti-napoleonischen Befreiungskriege patriotisch untersetzt, wandelten sich Sinn und Bedeutung der neugotischen Bauten. Der Fürst sammelte altdeutsche Bilder, man ließ sich in mittelalterlicher Tracht porträtieren. Anstelle des geplanten Vesta-Tempels auf den Wallwitzbergen an der Elbe errichtete man eine kleine Burg mit Zinnenkranz. Auf den treuen Erdmannsdorff konnte der Fürst aber bei den neugotischen Bauten nicht zählen, sie entsprangen jenem zu sehr den Ideen von Sturm und Drang, vor denen er sich und den Fürsten eigentlich zu bewahren suchte.

Zeitgleich mit der Errichtung neugotischer Bauten erwachte in Anhalt langsam der Sinn für die Bewahrung historisch wertvoller Gebäude.

VATER FRANZ

Franz' umfangreiche Reformen umfassten also alle Bereiche des öffentlichen Lebens, ob Landesgestaltung, Theaterwesen, Pockenschutzimpfung, Mustergüter oder Verbesserung des Hochwasserschutzes. Ein politischer Revolutionär hingegen war der Fürst nicht, er blieb absoluter Monarch.

Dessau war Ende des 18. Jahrhunderts zur größten Stadt Anhalts geworden, das von hier aus regierte Land Anhalt-Dessau wurde zum Musterstaat im europäischen Maßstab, zum Wallfahrtsort europäischer Intellektueller. Dies zog für einige Jahrzehnte einen beständigen Strom von interessierten Besuchern in das kleine Land. Goethe (»hier ist's jetzt unendlich schön«) holte hier seine Anregungen für den Weimarer Ilmpark, der Weltreisende Georg Forster ließ einen Teil seiner Südseesammlung in Wörlitz, die botanischen Besonderheiten des Parks wurden von Alexander von Humboldt studiert. Hölderlin, Novalis, Jean Paul, Tieck und Schinkel waren hier, eigentlich fast jede Geistesgröße der damaligen Zeit.

Der Fürst lebte das Landesvaterideal, und noch heute nennt man ihn in Anhalt liebe- und achtungsvoll »Vater Franz«. Dabei war er keine Person ohne Fehl und Tadel und liebte wie alle Standesgenossen die Annehmlichkeiten einer vollen Tafel, der Jagd, des Reitens und vor allem der Frauen – außerehelichen Verbindungen sind mindestens zehn Kinder entsprungen.

AUS FÜRSTEN WERDEN HERZÖGE

Es ist eine der letzten Amtshandlungen von Franz II., dem letzten Kaiser des Heiligen Römischen Reichs deutscher Nation, als er im April 1806 den Bernburger Fürsten Alexius zum Herzog erhebt. Im August des gleichen Jahres, nach der von Napoleon initiierten Gründung des Rheinbundes, einem Bündnis mit Frankreich verbündeter deutscher Fürstentümer, die aus dem Reichsverband austreten, legt Franz II. die deutsche Kaiserkrone nieder.

Nach der Niederlage Preußens in der Doppelschlacht von Jena und Auerstedt im darauffolgenden Oktober kamen die ersten französischen Soldaten nach Anhalt. Ein halbes Jahr später, im Frühjahr 1807, traten auch die drei anhaltischen Länder mehr oder weniger notgedrungen dem Rheinbund bei. Der Beitritt zum Rheinbund zahlte sich für die Fürsten von Anhalt-Köthen und Anhalt-Dessau durch ihre Erhebung zu Herzögen aus – wie für andere deutsche Fürsten auch. Der von Napoleon begeisterte Köthener Herzog August Christian führte in seinem Land neben anderen politischen Reformen nach französischem Vorbild am 28. Dezember 1810 den Code Napoléon ein. Es ist Franz von Anhalt-Dessau, der als Senior des Hauses Anhalt die Neuerungen nach dem Tode des Köthener Herzogs und dem Sieg über Napoleon rückgängig macht.

Doch auch Franz selbst zollt Napoleon zunächst Bewunderung. Franz bestellte bei den Dessauern Brüdern Heinrich und Ferdinand Olivier ein Monumentalgemälde von stattlichen drei Metern Breite, dass Napoleon auf Wunsch von Franz als siegreichen Feldherrn zeigt, als »Dokument seiner Bewunderung für den Genius des Kaisers«.

Napoleon als siegreicher Feldherr, ein Auftragsgemälde des Fürsten Franz an die Maler Heinrich und Ferdinand Olivier aus Dessau.

Unweit von Dessau betreffen die Änderungen in napoleonischer Zeit auch das letzte mittelalterliche Ordenshaus, das die Reformation überlebt hat: Die Kommende des Deutschen Ordens in Buro wird 1809 säkularisiert, ihr Besitz dem Herzogtum Anhalt-Bernburg übergeben und zukünftig als Domäne verwaltet.

Zur selben Zeit hat Anhalt mit seinen mittlerweile insgesamt rund 120.000 Einwohnern 800 Soldaten für Napoleons Infanterie zu stellen. Diese kämpften in Schlesien, Tirol und Spanien, von wo gerade 93 Mann zurückkehrten. Erneut aufgestellt, zog das »Bataillon Anhalt« in Napoleons Rußlandfeldzug und wurde wieder völlig aufgerieben. Ein noch im Sommer 1813 aufgestelltes Kavallerieregiment kämpfte für die Franzosen Ende August in der Schlacht von Kulm. Zeitgleich gab es aber ein anhaltisches Aufgebot, das auf der anderen Seite der Kriegsparteien für Preußen und Russland focht. Im April waren nämlich die ersten Preußen in Dessau angekommen, die Welle patriotischer Begeisterung für ein freies Vaterland erfasste daraufhin auch Anhalt. Fürst Franz stellte ein sechshundert Mann umfassendes Infanterieregiment auf die Beine, dem zu einem Viertel Freiwillige angehörten.

Anhalt war in den napoleonischen Kriegen aufgrund seiner zentralen mitteldeutschen Lage mehrfach zwischen die

Angehörige der freiwilligen Jäger und der freiwilligen Landwehr aus Anhalt-Köthen 1813

Fronten der Kriegsparteien geraten. Die Elbbrücke zwischen Roßlau und Dessau ging gleich dreimal in Flammen auf. Vor allem das Jahr 1813 ist von ständigen Truppendurchzügen, Einquartierungen und Plünderungen geprägt. Kurz vor der Völkerschlacht bei Leipzig wurde das nahe Anhalt zu einem Aufmarschgebiet der Truppen: Allein 180.000 Russen, Schweden und Preußen sind in Anhalt einquartiert. Am Ende des Monats Oktober 1813 war kein französischer Soldat mehr im Land. Zum 1. Dezember trat Anhalt dann offiziell den Verbündeten bei.

VERGESSENE IDEALE

Auf dem Wiener Kongress 1814/15 gelang es, Anhalts Souveränität zu erhalten. Die drei Herzogtümer traten der Heiligen Allianz bei, in der sich die Unterzeichner dem Kampf gegen bürgerlich-nationalstaatliche Reformen verpflichten. Nach Franz' Tod 1817 und der einsetzenden Restaurationspolitik wurden weitere der in Anhalt erfolgten Neuerungen rückgängig gemacht. So wurden ab 1819 die Kinder der niederen Stände vom höchsten Lehrkörper des Landes verwiesen. Wenigstens werden zum Ende der 1830er Jahre einige dringend notwendige Agrarreformen verabschiedet, wie die Abschaffung von Naturalabgaben oder die seit dem Mittelalter vorhandenen Zwangsdienste.

Gleichzeitig begann sich das Kunstinteresse in Anhalt zu verändern, Theater und Musik streben auf und emanzipieren sich neben der bildenden Kunst. Erdmannsdorff hatte das erste feste Theater errichtet, das später zu einer frühen Pflegestätte der Werke von Richard Wagner werden sollte. Wilhelm Müller, aus dessen Feder so bekannte Volksliedtexte wie »Am Brunnen vor dem Tore« stammen, erlebte seine Heimatstadt Dessau im beginnenden 19. Jahrhundert als Stadt voller Musik.

oben: Darstellung der Heiligen Allianz zwischen den Monarchien Russlands, Österreichs und Preußens, Heinrich Olivier; Dessau, 1815

links: Wilhelm Müllers (1794-1827) Gedichtzyklen »Die schöne Müllerin« und »Winterreise«, durch Franz Schubert vertont, füllen bis heute die Konzertsäle.

Die Fürstentümer Anhalt-Bernburg und Anhalt-Köthen erlebten in der ersten Hälfte des 19. Jahrhunderts letzte Blütezeiten. Diese können sich zwar nicht mit den umfangreichen wirtschaftlich-kulturellen Reformerfolgen des Fürsten Franz messen, spiegeln aber doch die Ideen ihrer Zeit.

In Anhalt-Bernburg wurde das am Harz gelegene Ballenstedt, seit 1765 Residenz des Fürstenhauses, zum gemütlichen, fast lehrbuchhaften Biedermeierort. Dem Hofmaler und Kammerherrn Wilhelm v. Kügelgen und seinen »Erinnerungen eines alten Mannes« sind Schilderungen jener Jahre zu verdanken. Dunkle Schatten warfen jedoch die geistige Umnachtung des letzten Bernburger Fürsten Alexander Carl und die kommenden sozialen Umwälzungen auf das kleine Land.

Nur wenige Kilometer von Ballenstedt entfernt, hatte Herzog Alexius 1810 mit Alexisbad im Selketal das erste Kurbad im Harz gegründet. Für einige Jahrzehnte wurde es zum sommerlichen Treffpunkt der gesellschaftlich und kulturell führenden Schicht. Neben dem Adel waren auch Künstler wie Carl Maria von Weber oder Hans Christian Andersen zu Gast, die Malerin Caroline Bardua hielt Aktien des Badeortes. Alexisbad war 1856 Gründungsort des Vereins Deutscher Ingenieure (VDI). Gedankenlosigkeit, Ignoranz und Profitdenken haben über das gesamte 20. Jahrhundert hin-

Innenraum des 1798 nach Plänen von Erdmannsdorff errichteten Dessauer Theaters. Er fiel 1855 einem Brand zum Opfer.

durch die Schönheit des Badeortes entstellt. Zu den Sehenswürdigkeiten der Umgebung zählten die Eisenhütten von Mägdesprung. Ruhm über Anhalt hinaus erlangten die hier gefertigten Produkte aus Eisenkunstguss.

Das im anhaltischen Harz gelegene Alexisbad stieg zum ersten Kurbad des Harzes auf. Eingebettet in das wildromantische Selketal, sah der Ort berühmte Besucher wie Carl Maria von Weber oder Hans Christian Andersen.

ANHALT IN SCHLESIEN

In Anhalt-Köthen war indes im Dezember 1818 der erst sechszehnjährige Herzog Ludwig August verstorben. Ihn beerbte sein Vetter Friedrich Ferdinand aus der Nebenlinie Anhalt-Köthen-Pleß in Oberschlesien.

Dessen Vater, Prinz Friedrich Erdmann von Anhalt-Köthen, hatte im Jahre 1765 die Standesherrschaft Pleß in Oberschlesien von einem Onkel, Graf Johannes Erdmann von Promnitz, übernommen. Zum umfangreichen Besitz von Pleß gehörten drei Städte, neunundvierzig Dörfer, Zink- und Glashütten und Tuchmanufakturen. Daraufhin nahm Prinz Friedrich Erdmann den Titel eines Fürsten von Anhalt-Köthen-Pleß an. Seine Söhne erbten nacheinander das heimische Herzogtum Köthen. Mit ihrem erbenlosen Tod fiel Pleß schließlich 1847 an die Grafen von Hochberg.

Ein Schlesier auf Anhalts Thron: Der im schlesischen Pleß geborene Friedrich Ferdinand von Anhalt (1769-1830) gelangte 1818 auf den Herzogsthron von Anhalt-Köthen. Aufsehen erregte sein Wechsel zum katholischen Glauben sieben Jahre später.

Für ein vorgefundenes Naturalienkabinett erwarb Herzog Friedrich Ferdinand 1821 eine umfangreiche Sammlung von Vogelpräparaten. Den ehemaligen Besitzer, den Landwirt Johann Friedrich Naumann (1780-1857), machte er zum Kurator der Sammlung. Naumann hatte sich mit detailgetreuen Kupferstichen und Beschreibungen zur Lebenswelt deutscher Vögel bereits einen Namen gemacht. Mit der Herausgabe seiner zwölfbändigen »Naturgeschichte der Vögel Deutschlands« (1820-1844) wurde Naumann zum Begründer der Ornithologie. Seine Sammlung bildet noch heute den Grundstock für das nach ihm benannte »Naumann-Museum« im Köthener Schloss.

1825 trat Herzog Friedrich Ferdinand mit seiner Gattin zum katholischen Glauben über. Für ein Land, dessen Fürsten einst bei der Durchsetzung der Reformation eine entscheidende Rolle gespielt hatten, ein einschneidendes Ereignis. Äußeres Zeichen der Konversion wurde die Errichtung von St. Marien, einer großen katholischen Kirche in unmittelbarer Nähe des Köthener Residenzschlosses. Beim Bau des Glockenturms stürzte das Gerüst ein, sieben Arbeiter kamen ums Leben, was von der Bevölkerung als Fingerzeig Gottes gewertet wurde.

Verantwortlicher Architekt war Gottfried Bandhauer aus Roßlau, der große Baumeister des Spätklassizismus in Anhalt. Bandhauer war allerdings vom Unglück verfolgt: Wenige Jahre zuvor war die von ihm konstruierte Hängebrücke in Nienburg eingestürzt, was mindestens 50 Tote forderte. Trotzdem hielt Herzog Friedrich Ferdinand an Bandhauer fest und ließ ihn das Köthener Kloster und Krankenhaus der Barmherzigen Brüder errichten, das erste neue Kloster in Anhalt seit der Reformation.

Da Weideflächen in Anhalt knapp waren, erwog der umtriebige Herzog eine Erweiterung der Schafzucht außerhalb der Landesgrenzen. 1828 gründete er deshalb in der Südukrainie nördlich der

Die Marienkirche in Köthen war das äußere Zeichen der Hinwendung von Herzog Friedrich Ferdinand zum katholischem Glauben.

Halbinsel Krim die Schafzuchtkolonie Askania Nova (Neu-Askanien).

Derweil waren die Rekatholisierungsbemühungen des Herzogs im Heimatland nicht von Erfolg gekrönt. Kurz nach Friedrich Ferdinands kinderlosem Tod 1830 verließen auch die Barmherzigen Brüder Anhalt wieder.

Der Beichtvater des Herzogs, der Jesuit Pierre Jean Beckx, ging gemeinsam mit der Herzoginwitwe nach Wien. 1853 wurde er zum General des Jesuitenordens gewählt.

Johann Friedrich Naumann (1780-1857), ein Bauerssohn aus Ziebigk bei Köthen, ist der Begründer der wissenschaftlichen Vogelkunde (Ornithologie) in Mitteleuropa.

HEILEN MIT HOMÖOPATHIE

Auf dem Köthener Thron folgte mit Herzog Heinrich (1778-1847) ein Bruder des vorhergehenden Landesherrn. Ihm gelang es, die Aufmerksamkeit der gebildeten Welt wieder auf Köthen zu lenken, indem er den homöopathischen Heiler Arthur Lutze wohlwollend aufnahm. Damit stand der Herzog in der Tradition seines verstorbenen Bruders. Dieser hatte den heimatlos umherirrenden Begründer der Homöopathie, Samuel Hahnemann, 1821 eine Stellung als Leibarzt angeboten. Dabei hatte Hahnemann schon vorher Beziehungen nach Anhalt: Seine erste Ehefrau war die Tochter eines Dessauer Apothekers. In dessen Apotheke hatte sich Hahnemann auch 1781-1782 Kenntnisse in der Arzneimittelkunde erworben. Hahnemann blieb gut vierzehn Jahre in Köthen und vervollkommnete hier die Methoden der Homöopathie. Zu seinen Patienten zählten Angehörige der Oberschicht wie auch die einfache Bevölkerung.

Auch in den anderen anhaltischen Herzogtümern waren bald homöopathische Ärzte und Laienheiler tätig. Doch blieb der »Erfinder« der Homöopathie die höchste Autorität unter den neuen Kollegen. Viele seiner wesentlichen Schriften sind in Köthen entstanden, bis Hahnemann, inzwischen neunundsiebzigjährig, eine fünfundvierzig Jahre jüngere französische Malerin heiratete und ihr nach Paris folgte.

Seinem Bewunderer und fachlichen Nachfolger Lutze gelang ein enormer wirtschaftlicher Erfolg. 1855 konnte er eine bis 1914 bestehende Privatklinik eröffnen und fast fabrikmäßig Kranke behandeln. Allein im Jahr 1864 sollen durch Lutze und seine 21 Assistenten 26.690 Patienten behandelt und 162.000 Anfragen aus allen fünf Erdteilen beantwortet worden sein.

Nachdem Herzog Heinrich 1847 ebenfalls ohne Erben starb, war das herzogliche Haus Anhalt-Köthen endgültig erloschen. Eigentlich hätte es nun zwischen Anhalt-Dessau und Anhalt-Bernburg

Wohnhaus von Samuel Hahnemann, des Begründers der Homöopathie, in Köthen

geteilt werden müssen. Da aber aufgrund der Geisteskrankheit des Bernburger Herzogs Alexander Carl auch ein Erlöschen der Bernburger Linie nur eine Frage der Zeit war, wurde auf die Teilung verzichtet. Dadurch entstand für einige Jahre das Herzogtum Anhalt-Dessau-Köthen, Anhalt-Bernburg wurde für seinen Erbteil an Köthen finanziell entschädigt.

DAS ACHTE WELTWUNDER

Für Köthen hatte Herzog Heinrich aber zwei segenswerte Ansiedlungen erreicht: Bereits im Sommer 1840 hatte die Residenzstadt einen Anschluss an die Eisenbahn, das »achte Weltwunder« erhalten. Nun konnte man Güter schnell und sicher nach Magdeburg oder Leipzig transportieren. Bald folgte eine Verbindung nach Dessau und im Folgejahr konnte das Schienennetz über Coswig bis nach Berlin fortgeführt werden. Auftraggeber dafür war die Berlin-Anhaltische Eisenbahn-Gesellschaft, für die nächsten vier Jahrzehnte das bedeutendste Eisenbahnunternehmen Deutschlands. Den Endpunkt in Berlin bildete der Anhalter Bahnhof, von dem heute nur noch die Portalruine steht. Köthen, bis dahin eher ländlich beschaulich, war damit zum ersten Eisenbahnknotenpunkt Deutschlands geworden. Wollte man von Berlin in die Messestadt Leipzig, musste man in Köthen umsteigen. 1846 konnte man von hier aus dann auch Bernburg errei-

Köthen wurde Mitte des 19. Jahrhunderts zum ersten Eisenbahnknotenpunkt Deutschlands

An der Wende zum 19. Jahrhundert verlor Zerbst seine Vorrangstellung unter den anhaltischen Städten. Fehlende moderne Architektur machten Zerbst zum »Rothenburg des Nordens«.

chen. Dass Zerbst und Ballenstedt erst wesentlich später, in den 1860er Jahren, einen Eisenbahnanschluss bekamen, ist nur ein Zeichen dafür, wie man hier zunächst den Anschluss an die Industrialisierung verpasst hatte.

Zerbst blieb noch lange landwirtschaftlich geprägt, was aber gleichzeitig zur Erhaltung des mittelalterlichen Stadtbildes bis 1945 führte. Dies verschaffte der Stadt den Beinamen »Rothenburg des Nordens«.

MISSERNTE, REVOLUTION UND ERNEUTE RESTAURATION

Nach dem Wiener Kongress 1815 hatten die drei anhaltischen Herzogtümer ihre spätabsolutistische Regierungsform noch mehr als drei Jahrzehnte bewahren können. Erst die revolutionären Ereignisse der Jahre 1848-49 zwangen die Herzöge und ihre Regierungen, auf das Drängen der Bürger einzugehen.

Die Revolution schien ihr Kommen mit einer Naturkatastrophe anzukündigen: Im zeitigen Frühjahr 1845 kam es zu einer Jahrhundertflut der Elbe, der Fluss führte etwa ein Viertel mehr Wasser mit sich als bei der Flut 2002. Ein großer Teil der bereits aufgegangenen Saat wurde verdorben, auch die sonstigen wirtschaftlichen Schäden waren immens. Im Folgejahr 1846 kam es aufgrund schlechter Wetterbedingungen zu einer Missernte bei Getreide und Kartoffeln. Dabei wurden nur etwa 50 bis 70 % der jahresüblichen Menge geerntet. Die darauffolgenden Preissteigerungen waren dramatisch. Im Frühjahr 1847 hatten sich die Preise für Brotgetreide und Kartoffeln schon um das Drei- bis Vierfache gegenüber Normaljahren erhöht. Schuld an der Verteuerung war aber nicht nur die gering ausgefallene Ernte, sondern auch gezielte Spekulation von Kaufleuten. Unruhen und Proteste ebneten fast nahtlos den Weg in das erste Revolutionsjahr 1848.

Die am 28./29. Oktober 1848 auf Druck der Bevölkerung in Kraft getretene und im Wesentlichen gleichlautende Verfassung von Anhalt-Köthen und Anhalt-Dessau machten Anhalt mit einem Schlag wieder zu einem Reformland. Denn die – vom Dessauer Herzog nur widerwillig unterschriebene – Verfassung galt als »demokratischste deutsche Gliedstaatsverfassung«, in der unter anderem alle Staatsangehörigen vor dem Gesetz gleichgestellt, der Adel abgeschafft und volle Rede- und Pressefreiheit gewährt wurde. Auch das Kirchenpatronat wurde aufgehoben, Gewaltenteilung festgeschrieben. Im Dezember des gleichen Jahres erhielt auch Anhalt-Bernburg eine Verfassung. Doch hatten die Regierungen mit der Verabschiedung der Verfassungen nur ein Beruhigen der revolutionären Kräfte zum Ziel. Preußisches Militär wurde nach Anhalt berufen.

Zusammenkommen des Landtags 1849 im Thronsaal von Köthen

Am 16. März 1849 eskalierte die Situation in Bernburg. Nach der Verhaftung des Lederhändlers Joseph Calm, eines radikalen Demokraten, kam es zum Zusammenstoß zwischen Zivilisten und Militär. Mindestens vierzehn Tote forderte der »Bürgermord von Bernburg«.

Mit der Unterstützung durch Preußen wurden die tatsächlichen Zustände in der Folgezeit langsam wieder den vorrevolutionären Verhältnissen angenähert. Zu den Maßnahmen gehörte auch die Berufung preußischer Politiker in anhaltische Regierungsämter. So war der junge Otto von Bismarck 1851 als regierender Minister für Anhalt-Bernburg im Gespräch.

Den 1849 für Gesamt-Anhalt gewählten Vereinigten Landtag hatte man ein Jahr später bereits wieder aufgelöst. In Köthen und Dessau hob man die Verfassung im November 1851 sogar wieder auf. Nur wenige der erkämpften Neuerungen blieben in Kraft. Die alte landständische Verfassung galt – geringfügig modifiziert – bis zum Ende des Herzogtums Anhalt im Jahr 1918 weiter. Etliche Beteiligte, wie der aus Trinum stammende Revolutionär Enno Sander, emigrierten nach Amerika. Die konservativen Kräfte in Anhalt hatten gewonnen.

Ein linker Revolutionär aus Anhalt war übrigens später Vorwand für eine nicht unumstrittene Änderung der Reichsgesetze: Karl Eduard Nobiling, Sohn des Domänenpächters im anhaltischen Scheuder bei Köthen, kam in Kontakt mit sozialistischen Agitatoren. Am 2. Juni 1878 versuchte er Kaiser Wilhelm I. in Berlin mit Schüssen aus einer mit grobem Schrot geladenen Flinte zu erschießen. Er traf ihn zweimal und verwundete ihn schwer. Der Kaiser überlebte nur dank seiner Pickelhaube, Nobiling verübte Selbstmord. Bismarck nahm das Attentat zum Anlass, seine »Sozialistengesetze« durchzusetzen. Die Familie Nobilings bat nach dem Attentat um eine Namensänderung, die ihr vom Kaiser mit dem Namen »Edeling« gewährt wurde, um »die Schmach auszulöschen«.

Der junge Otto v. Bismarck um 1851. Zu dieser Zeit war der Preuße als Gesamtminister für Anhalt-Bernburg im Gespräch.

DAS ZEITALTER DER VEREINIGUNGEN

Nachdem Anhalt-Zerbst bereits 1793, Anhalt-Köthen 1847 und schließlich Anhalt-Bernburg 1863 in ihren männlichen Gliedern erloschen waren, vereinte der Dessauer Herzog Leopold IV. Friedrich ganz Anhalt in einer Hand. Nach 260jähriger Teilung war Anhalt wiedervereint. Dessau wurde zur Hauptstadt des Gesamtherzogtums Anhalt bestimmt. Damit erhielt die schon unter »Vater Franz« erworbene wirtschaftliche und kulturelle Vorrangstellung der Stadt auch ihre politische Bestätigung.

Eine Vereinigung gab es auch in der Kirche: Hatten in Anhalt beide evangelische Konfessionen lange nebeneinander existiert, bewegten sich im 19. Jahrhundert lutherische und reformierte Gemeinden aufeinander zu – ein Prozess, der ab 1820 zur so genannten »Union« beider Konfessionen führte, 1880 abgeschlossen war und in Anhalt zur Verschmelzung von reformiertem und lutherischem Erbe führte.

Indes wurden die Beziehungen zum übermächtigen Nachbarn Preußen, der Anhalt fast vollständig umschloss, enger. Die Gefahr eines völligen Aufgehens in Preußen war gegeben. Preußen zwang nach einem förmlichen Zollkrieg Anhalt Ende der 1820er Jahre zum Beitritt in das preußische Zollsystem, ab 1840 wurden das preußisches Maß-, Gewicht- und Steuersystem übernommen. 1867 schloss das Land mit Preußen eine Militärkonvention ab und trat dem Norddeutschen Bund bei. Alle anhaltischen Truppen wurden als »Anhaltisches Infanterieregiment Nr. 93« dem preußischen Heeresverband eingegliedert.

Im deutsch-französischen Krieg kämpfte das Regiment unter anderem in Toul und Beaumont sowie bei der Belagerung von Paris. Erbprinz Friedrich, der Kommandeur des Regiments, nahm am 18. Januar 1871 im Spiegelsaal zu Versailles an der Proklamation des preußischen Königs Wilhelm zum deutschen Kaiser teil. Nun war Anhalt im deutschen Kaiserreich einer von 25 souveränen Bundesstaaten mit eigener Verfassung und eigener Regierung.

Französische Kriegsgefangene im Schloss Coswig in Anhalt 1870/71

GRÜNDERJAHRE, GRÜNDERVÄTER

Das 19. Jahrhundert mit der einsetzenden Industriealisierung, die auch in die Landwirtschaft eingriff, eröffnete in Anhalt neue Einkommensmöglichkeiten durch den Kali- und Braunkohlenbergbau und den Zuckerrübenanbau. Eine sichtbare Folge davon war, dass gerade die Region zwischen Köthen und Bernburg mit den besten Böden des Landes zu einer landschaftlich eintönigen, waldlosen Kultursteppe wurde.

Seit den 1870er Jahren erlebte die Wirtschaft des Landes einen dynamischen Aufschwung, der Anhalt zu einer der modernsten Industrieregionen des Deutschen Reichs machte. Neben den Rohstoffvorkommen sind vor allem die zentrale Lage, das gut ausgebaute Eisenbahnnetz und der gewachsene Schiffsverkehr auf Elbe und Saale Motoren des Wirtschaftswachstums. Gleichzeitig nahm fast überall in Anhalt die Einwohnerzahl sprunghaft zu. Neu errichtete Stadtviertel und Aufstockungen alter Gebäude schufen Wohnraum, die Anbindung an die Eisenbahn und der gestiegene, aber immer noch autolose Verkehr veränderten die über Jahrhunderte gleichgebliebenen Strukturen der Städte. Von den Modernisierungen war auch das Kommunikationsnetz betroffen, Poststellen, Telegraphen- und später Fernsprechstationen entstanden selbst auf den Dörfern. In Anhalt werden Industrieunternehmen gegründet, die für das ganze Kaiserreich von Bedeutung sind. Dazu zählen die Deutsche Continental-Gas-Gesellschaft in Dessau ebenso wie die Roßlauer Schiffswerft oder die Solvay-Werke in Bernburg, die zum größten Soda-Produzenten der Welt aufsteigen. Zu den Vorreitern der Technikgeschichte gehören auch die seit 1895 entstehenden Dessauer Junkerswerke. Anfangs auf Gasbadeöfen und Gasmotoren spezialisiert, gelang mit der J1 im Jahr 1911 die Konstruktion des ersten Ganzmetallflugzeugs der Welt. Die Junkers Flugzeugwerke wurden zum größten deutschen Flugzeugproduzenten, die Junkers Luftverkehr AG bildet den Ursprung der heutigen Lufthansa. Trotzdem Anhalt sich immer wieder als Land der gelebten Toleranz hervor getan hatte, blieb es doch von den antislawischen und antisemitischen Bewegungen des späten 19. Jahrhunderts nicht verschont.

Serienfertigung der Junkers F 13. Die Verkehrs- und Frachtmaschine war das erste Ganzmetallflugzeug der zivilen Luftfahrt.

So ist in »Anhalts Geschichte in Wort und Bild«, ab 1893 in mehreren Auflagen erschienen und auch im Geschichtsunterricht verwendet, die Rede von »ehrfurchtsgebietenden, kühnen, frischen Germanen«, »weichlichen Römern« sowie einem »wenig entwicklungsfähigen Volk, den kriechend unterwürfigen, plumpen Slawen, die mit wässrigen Augen lieber mühelose Tätigkeiten verrichten«. In zahlreichen Publikationen jener Jahre ist schon viel von dem zu lesen, was nach 1933 die gesamtdeutsche Politik bestimmen wird.

DAS ENDE DER HERZÖGE

Allein zwischen 1871 und 1900 war die Bevölkerungszahl Anhalts um ein Drittel auf nun mehr als 316.000 gestiegen. War die Beschäftigungsstruktur vormals überwiegend landwirtschaftlich geprägt, ist gerade der Anteil der abhängig beschäftigten Lohnarbeiter rasant angewachsen. Diese stellen jetzt den Großteil der arbeitsfähigen Bevölkerung. Soziale Unterschiede sind offensichtlicher als in den Jahrhunderten zuvor. 1867 kam es zur Bildung eines Arbeitervereins, der die Interessen der Lohnarbeiter in Anhalt vertreten soll. Bereits bei den Reichstagswahlen 1912 können die Sozialdemokraten in Anhalt 46 Prozent aller abgegebenen Stimmen auf sich vereinen.

Bei Ausbruch des Ersten Weltkriegs 1914 greifen die Einwohner Anhalts begeistert zu den Waffen – wie auch die Bevölkerung des restlichen Deutschlands.

Vier Jahre darauf herrschen Fassungslosigkeit und Wut. Demonstrierende Arbeiter und Soldaten ziehen über Anhalts Straßen. Ihre Proteste bleiben im Unterschied zu anderen Regionen Deutschlands aber friedlich.

Herzog Friedrich II. von Anhalt (1856-1918) regierte ab 1904. Nach seinem kinderlosen Tode am 21. April 1918 folgten ihm als Regenten für wenige Monate sein Bruder Eduard (1861-1918) und dann für einige Wochen dessen unmündiger Sohn Joachim Ernst.

> **Aus Anhalt und Umgebung.**
> ** W. T. B.* sandte am Dienstag folgende Notiz: Wie „Anhalter Kurier" meldet, hat der Prinzregent heute für den Herzog Joachim Ernst von Anhalt auf den Thron, sowie für das herzogliche Haus auf das Thronfolgerecht verzichtet und seinerseits Regentschaft des Herzogtums niedergelegt. Eine neue Regierung wird morgen gebildet werden.

oben: Am 12. November 1918 dankt Prinzregent Aribert für seinen unmündigen Neffen ab. Zu dieser Zeit gab es längst Soldatenräte im Land, die die Macht übernommen hatten. Die Meldung des Thronverzichts war den Zeitungen des Landes nur noch eine Randnotiz wert.

rechts: Aribert von Anhalt (1864-1933) war vormundschaftlicher Regent für seinen minderjährigen Neffen Joachim Ernst. Seine Ehe mit einer Enkeltochter der britischen Königin Victoria wurde aufgrund von Ariberts Homosexualität geschieden.

Die Sozialdemokraten drängen die herzogliche Familie zur Abdankung. Daraufhin verzichtet Prinzregent Aribert am 12. November 1918 für seinen minderjährigen Neffen Herzog Joachim Ernst auf den Thron. Nach mehr als 700 Jahren wird Anhalt nicht mehr durch einen Vertreter des Hauses Anhalt-Askanien regiert.

EIN FREISTAAT IN DER WEIMARER REPUBLIK

Schon zwei Tage darauf, am 14. November, übernahm ein siebenköpfiger Staatsrat unter dem Sozialdemokraten Wolfgang Heine die vorläufige Regierungsgewalt. Bei der Landtagswahl einen Monat später gehen die Sozialdemokraten als absolute Sieger hervor. Sie können 22 von 36 Mandaten vereinen. Trotzdem ging die SPD eine Koalition mit der liberalen Deutschen Demokratischen Partei (DDP) ein. Nur eine kleine Minderheit bedeuteten die zwei Abgeordneten der Deutschnationalen Volkspartei (DNVP). Wenig später wird der Sozialdemokrat Heinrich Deist zum Staatspräsidenten gewählt. Anhalt war als erster deutscher Bundesstaat nach der Novemberrevolution zu verfassungsmäßigen Verhältnissen zurückgekehrt. Nun ist das Land ein Freistaat innerhalb der Weimarer Republik.
Die Abdankung des Herzogs bedeutete auch das Ende des landesherrlichen Kirchenregiments. Die Landeskirche Anhalts gab sich daher eine neue Verfas-

sung, die am 14. August 1920 in Kraft trat. Oberhaupt der Kirche ist seitdem ein Oberkirchenrat, der seit 1957 den Titel eines Kirchenpräsidenten führt.

Bei den Vorgängen um den Kapp-Putsch im März 1920 kam es auch in Anhalt zu Schießereien mit Toten und Verletzten. Die wirtschaftliche Stärke des Landes führte aber dazu, dass Anhalt in den kommenden Jahren von größeren Unruhen und Krisen verschont blieb. Die Unternehmen wurden zu einem Motor der Innovationen.

Eine wichtige Rolle übernahm dabei das 1919 in Weimar gegründete Bauhaus, das 1925 seinen Sitz nach Dessau verlagerte. Wichtige Befürworter der Ansiedlung des Bauhauses waren der damalige Dessauer Oberbürgermeister Fritz Hesse, der Unternehmer Hugo Junkers und der anhaltische Landeskonservator Ludwig Grote. Die Standortverlagerung verdeutlicht, welche geistige Offenheit damals von Anhalt ausging. Das Bauhaus wurde während seiner Dessauer Jahre zur weltweit wichtigsten Bildungsstätte für Architektur, Kunst und Design der Klassischen Moderne. Die hier tätigen Künstler, wie W. Gropius, W. Kandinsky, L. Feininger, M. Breuer, L. Mies van der Rohe, P. Klee oder O. Schlemmer erlangen Weltruhm. Bis heute prägen die Arbeitsergebnisse aus dem Bauhaus im anhaltischen Dessau die moderne Architektur, die Kunst und das Industriedesign auf dem ganzen Globus.

Mit der Ansiedlung des Bauhauses 1925 in Dessau wurde die Stadt für einige Jahre zur weltweit wichtigsten Bildungsstätte für Architekten.

DER ERSTE NS-MINISTERPRÄSIDENT

Nummer 7 — Sonnabend, den 9. Januar 1932 — 60. Jahrgang

Nationalsozialistische Attacke im Dessauer Gemeinderat.
Der Gummiknüppel als Vorspiel — Stadtrat Einjel abgesägt — Kommunist Kmiec durch Polizei exmittiert — Ein riesiges Dringlichkeitsbukett.

Anhalt war früh eine Hochburg der NSDAP. Einer der Gründe liegt im großen Anteil der Arbeiterschaft an der Gesamtbevölkerung.

Die 1929 einsetzende Weltwirtschaftskrise zwang auch in Anhalt viele Betriebe in den Konkurs. Tausende Menschen wurden arbeitslos. Den Sozialdemokraten war es bis 1932 gelungen, ihre Regierungskoalition mit der DDP fortzusetzen. Die Weltwirtschaftskrise mit ihren Auswirkungen trieb aber den radikalen Parteien neue Anhänger in die Arme. Schon 1925 hatte sich eine Ortsgruppe der NSDAP in Dessau gegründet, in Köthen gab es bald regelmäßig »Sprechabende« und 1927 einen Gautag. Bei den Gemeinderatswahlen 1931 wurde die NSDAP bereits stärkste Fraktion in den anhaltischen Stadtparlamenten. Bei der Landtagswahl im April 1932 errang die NSDAP 15 Sitze, mit den Stimmen der bürgerlichen Rechten übernahm der Nationalsozialist Dr. Alfred Freyberg (1893-1945) die Regierungsverantwortung. Anhalt wurde damit zum ersten Land mit einem NS-Ministerpräsidenten und zum Modell für die Machtergrei-

Seit 1932 hatte das Land Anhalt einen Ministerpräsidenten aus den Reihen der NSDAP

Nummer 96 — Montag, den 25. April 1932 — 60. Jahrgang

Nationals. Erfolg in Anhalt
Ende der Regierung Deist-Weber
20 Sitze für die Rechte, 16 für die Linke

Bei der gestrigen Wahl zum Anhaltischen Landtage wurde folgendes Ergebnis erzielt:

	Landtagswahl 1932		Landtagswahl 1928		Reichstagswahl 1930
Sozialdemokraten	75120 Stimmen	12 Sitze	84487	15	84977
Staatspartei	3227 „	1 „	9511	2	5025
Kommunisten	20414 „	3 „	15723	3	23742
Zentrum	2630 „	— „	2286	—	2602
Hausbesitzer	6368 „	1 „	8125	2	
Deutschnationale u. Stahlhelm	12807 „	2 „	34957	6	21135
Deutsche Volkspartei	8194 „	— „	30856	6	
Nationalsozialisten	89602 „	15 „	4111	1	43645
Sozialistische Arbeiterpartei	803 „	— „	—	—	—

Nach diesen Ziffern haben die Nationalsozialisten mit den bürgerlichen Parteien die Mehrheit im Landtage errungen.
Stadt Dessau

fung der Nationalsozialisten in anderen deutschen Ländern, aber auch im Reich selbst. Das Bauhaus in Dessau, von den Nationalsozialisten von Beginn an bekämpft, wurde schon im September 1932 geschlossen, Landeskonservator Grote als »Kulturbolschewist« in den vorzeitigen Ruhestand versetzt. Im gleichen Jahr wurde ein »Anhaltischer Arbeitsdienst« eingerichtet, Ballenstedt erhielt 1934 eine der Nationalpolitischen Erziehungsanstalten (NAPOLA), die den Führungsnachwuchs für das NS-Deutschland heranziehen sollen.

Als nach der Ernennung Hitlers zum Reichskanzler und dem Reichstagsbrand Anfang 1933 eine erste Welle der offenen Gewalt über das Land rollt, eröffnete man in der Innenstadt von Roßlau ein »Übergangs-Konzentrationslager« für politische Gegner. Etwa zeitgleich wurden die Verwaltung von Anhalt und Braunschweig unter einen gemeinsamen Reichsstatthalter gestellt, der seinen Sitz in Dessau nahm. Formal blieb Anhalt erhalten, tatsächlich musste der Freistaat aber alle souveränen Hoheitsrechte abgeben. In der nach Gauen gegliederten Struktur der Nationalsozialistischen Arbeiterpartei (NSDAP) wurde Anhalt mit den nördlich gelegenen Gebieten der Provinz Sachsen zum Gau Magdeburg-Anhalt verbunden. Zum Verwaltungssitz des Gauleiters wurde gleichfalls Dessau bestimmt. Die Ämter des Reichsstatthalters und des Gauleiters sind im Wesentlichen in Personalunion geführt wurden.

Schon 1933 errichteten die Nationalsozialisten ein Konzentrationslager (KZ) in Roßlau.

Den Unternehmer und Erfinder Hugo Junkers enteignete man schon 1933 und sprach ihm Stadtverbot für Dessau aus. Die Junkers Flugzeug- und Motorenwerke AG wurde in den Folgejahren zu einem der bedeutendsten Rüstungskonzerne des Dritten Reichs ausgebaut.

Im November 1938 eskalierte die antisemitische Gewalt. In der Reichskristall-

Wehrmachtssoldaten der Kaserne Zerbst bei der Ausbildung 1935

Verband von Junkers-Kampfflugzeugen des Typs Ju 88. Die Produktion der ursprünglich als Horizontal- und Sturzkampfbomber gedachten Maschine gehörte zu den größten Rüstungsprogrammen des Deutschen Reichs im Zweiten Weltkrieg.

nacht vom 9. auf den 10. November wurden die Synagogen in Bernburg, Coswig, Dessau, Jeßnitz, Köthen und Sandersleben geschändet und mindestens teilweise zerstört. Bis heute erhalten haben sich lediglich die Synagogen in Gröbzig und Wörlitz. Schon 1935 war der aus Dessau stammende jüdische Komponist Kurt Weill in die USA emigriert. Einige seiner Musikstücke, wie die »Moritat von Makkie Messer« aus der Dreigroschenoper, wurden Welthits.

Wie in ganz Deutschland wurde die jüdische Bevölkerung in Anhalt systematisch deportiert, um letztendlich in Lagern getötet zu werden. In einem Teil der Bernburger Landes-Heil- und Pflegeanstalt errichtete man eine »Euthanasie-Anstalt«, die zwischen November 1940 und Juli 1943 in Betrieb war. 9.384 Behinderte und Kranke aus Fürsorge- und Pflegeeinrichtungen sowie etwa 5.000 Häftlinge aus verschiedenen Konzentrationslagern, darunter auch Juden, wurden hier mittels Giftgas ermordet.

Bei Ausbruch des Zweiten Weltkriegs 1939 umfasste die Bevölkerungszahl Anhalts rund 420.000 Einwohner, die Kriegsschauplätze erschienen zunächst sehr weit weg. Doch schon seit 1940 war Dessau wegen der Junkers-Werke Ziel von Luftangriffen.

Am folgenschwersten war ein nächtlicher britischer Bombenangriff am 7. März 1945, zwei Monate vor Kriegsende. Durch die Kombination von Brand- und Sprengbomben wurden annähernd 97 % aller Gebäude der historischen Altstadt von Dessau zerstört. Zerbst, bis dahin das »Rothenburg des Nordens«, wurde noch am 16. April 1945 in einem alliierten Luftangriff zu 80 % vernichtet. Das historische Stadtbild beider Orte ging nahezu vollständig verloren.

Im April 1945 besetzten zunächst amerikanische Streitkräfte das Land. Im Juli rückte jedoch die Rote Armee ein.

DAS FORMALE ENDE

Noch im gleichen Monat hörte Anhalt formal auf zu existieren: Die Sowjetische Militäradministration in Deutschland (SMAD) verfügte den Zusammenschluss mit den preußischen Provinzen Halle-Merseburg und Magdeburg zur »Provinz Sachsen«. Zu diesem Zeitpunkt erstreckte sich das Land Anhalt auf einer Fläche von rund 2.300 Quadratkilometern, das entspricht etwa der Fläche des heutigen Saarlandes.

Tief in die gewachsenen landwirtschaftlichen Strukturen griff die sogenannte demokratische Bodenreform im September 1945 ein. In der gesamten sowjetischen Besatzungszone wurden landwirtschaftliche Betriebe mit mehr als 100 Hektar Land- und Forstbesitz enteignet. Im ehemaligen Anhalt betraf dieses Schicksal etwa 320 Betriebe. Das Land wurde zunächst an Vertriebene aus den ehemaligen deutschen Ostgebieten, landarme Bauern und öffentliche Körperschaften verteilt, bevor ab 1952 eine Zwangskollektivierung der Bauern nach sowjetischem Vorbild einsetzte.

Zwischen Sommer und Herbst 1945 kam es zu einer Verhaftungswelle, bei der man Großgrundbesitzer, Domänenpächter, Fabrikbesitzer und NS-Amtsträger verhaftete und in Speziallager deportierte. Dieses Schicksal traf auch den letzten Herzog von Anhalt, Joachim Ernst (1901-1947). Von den Nationalsozialisten 1944 im KZ Dachau eingesperrt, wurde Herzog Joachim Ernst im Sommer 1945 ins ehemalige KZ Buchenwald bei Weimar verschleppt. Hier verstarb er aufgrund der Haftbedingungen nach schwerer Krankheit am 18. Februar 1947. An seinem 60. Todestag wurde während einer Gedenkfeier symbolisch Erde aus dem Gräberfeld Buchenwald entnommen und anschließend in einer Urne in Ballenstedt beigesetzt.

Im Rahmen der Reparation der Kriegsschäden wurden in Anhalt 64 große Industrieunternehmen ganz oder teilweise demontiert und in die Sowjetunion überführt. Die angebliche Verschiebung von Vermögenswerten der in Dessau ansässigen Deutschen Continental-Gas-Gesellschaft war Anlass des ersten stalinistischen Schauprozesses in der DDR. Er wurde 1950 unter der Richterin Hilde Benjamin im Dessauer Theater verhandelt und endete mit langen Zuchthausstrafen für die angeklagten Manager und Politiker. Hilde Benjamin (1902-1989)

Anhalts Hauptstadt Dessau im Herbst des Jahres 1945

stammte aus dem anhaltischen Bernburg und war die Schwägerin des Philosophen Walter Benjamin. Sie wurde wenig später DDR-Justizministerin. Für ihre brutalen Urteile erhielt sie den Beinamen die »Rote Guillotine«.

1946 wird die »Provinz Sachsen« nunmehr zur »Provinz Sachsen-Anhalt« umbenannt, um Verwechslungen mit dem Land Sachsen zu vermeiden. Den Liberalen Erhard Hübener, noch von den Amerikanern ins Amt gehoben, erklärt man zum Präsidenten der Provinzialverwaltung. Hübener, ein Verwaltungsexperte, hatte sich bereits in den 1920er Jahren mit einer föderalen Neugliederung Deutschlands beschäftigt und schon damals die Gründung eines Landes Sachsen-Anhalt angeregt. Im Dezember 1946 zum Ministerpräsidenten von Sachsen-Anhalt gewählt, war er der einzige nichtkommunistische Ministerpräsident in der Sowjetischen Besatzungszone und ein unbequemer Regierungschef. Am 1. Oktober 1949, nur wenige Tage vor der Gründung der DDR, trat Hübener von seinem Amt zurück.

Hatte Anhalt bis dahin wenigstens in Form des Regierungsbezirkes Dessau überlebt, schaffte der Landtag im Juli 1947 die Regierungsbezirke ab. Im gleichen Monat erfolgte die Umbenennung der Provinz in »Land Sachsen-Anhalt«, ein föderalistischer Staat in der Sowjetischen Besatzungszone mit eigener Verfassung und Halle als Hauptstadt. Doch die bald entstandene Deutsche Demokratische Republik (DDR) bereitete dem Föderalismus ein Ende und löste das Land Sachsen-Anhalt zum 23. Juli 1952 auf. Dessen Gebiet verteilte man auf zwei Bezirke, der größere Anteil Anhalts kam an den Bezirk Halle, ein kleinerer Teil um Zerbst und Güsten an den Bezirk Magdeburg.

In den folgenden Jahrzehnten tat man von politischer Seite nichts, um die Erinnerung an Anhalt lebendig zu halten. Lokale oder regionale Heimat- und Geschichtsvereine gab es in der DDR kaum. Die wissenschaftliche Forschung widmete sich der anhaltischen Landeshistorie – mit Ausnahme der Geschichte des Dessau-Wörlitzer Gartenreichs – nur wenig.

1952 wurde das Land Sachsen-Anhalt als ein Schritt »weiterer Demokratisierung« aufgelöst. 1990 entstand es – geringfügig verändert – wieder neu.

EIN NEUER ANFANG?

Mit dem Anfang vom Ende der DDR im November 1989 wurde bald der Ruf nach einer föderalistischen Struktur nach dem Vorbild der Bundesrepublik Deutschland laut. Dabei wurde auch die Wiederbelebung des Freistaats Anhalt diskutiert. Eine Unterschriftensammlung dafür erbrachte in wenigen Monaten mehr als zehntausend Unterzeichner, doch blieb ein selbständiges Bundesland Anhalt ein unrealistischer Wunsch. Das Parlament der DDR, die Volkskammer, gab am 22. Juli 1990 einem Fünf-Länder-Modell den Zuschlag. Das Land Sachsen-Anhalt entstand – geringfügig verändert – wieder neu. Am 14. Oktober des gleichen Jahres wurde erstmals der Landtag für Sachsen-Anhalt gewählt. Als mögliche Landeshauptstadt war neben den Städten Halle und Magdeburg auch die alte Residenzstadt Dessau in der engeren Auswahl, die Mehrzahl der Abgeordneten entschied sich schließlich für Magdeburg. Gerd Gies, der erste Nachwende-Ministerpräsident, hat später behauptet, die anhaltischen Abgeordneten hätten mehrheitlich für Magdeburg gestimmt, um sich damit für die jahrzehntelange Abhängigkeit von der ehemaligen Bezirksstadt Halle zu revanchieren.

Etwa zeitgleich kam es ab 1990 per Gesetz zur Umwandlung bzw. Auflösung der Großlandwirtschaftsbetriebe. Doch zur erneuten Ausbildung des einst zahlreichen heimischen Bauernstandes kommt es nicht mehr. Dafür vereinen nun private und kooperative Großland-

wirte Riesenflächen unter ihren Pflügen. Dies führte dazu, dass die Beschäftigungszahl pro Hektar unter dem Bundesdurchschnitt liegt. Altbesitzer sind in den wenigsten Fällen involviert.

Die Geschichte Anhalts wurde zu einem wesentlichen Motor des Tourismus im Bundesland Sachsen-Anhalt. Mit dem Dessau-Wörlitzer Gartenreich erweist sich das Wirken von »Vater Franz« auch noch im 21. Jahrhundert als Segen für das Land. Ebenso sorgt das international bekanntere Bauhaus für einen beständigen Strom an Kulturtouristen. Beide Institutionen gehören seit dem Jahr 2000 bzw. 1996 zum erlauchten Kreis des UNESCO-Weltkulturerbes.

In Anlehnung an die Tradition der Fruchtbringenden Gesellschaft gründete sich 2007 in Köthen die »Neue Fruchtbringende Gesellschaft«, die sich mit der Pflege und Sprachentwicklung der deutschen Sprache beschäftigt. Unterdessen wurde mit weiteren Gebietsreformen, vor allem 2004 und 2007, das Territorium Anhalts auch auf Kreisebene zerschlagen. Jahrhundertealte Strukturen wurden beseitigt, übrigens ohne Einbeziehung der Bevölkerung. Lediglich das Gebiet der Evangelischen Landeskirche Anhalts entspricht im Wesentlichen den Grenzen des ehemaligen Landes Anhalt. Aktuell umfasst die anhaltische Bevölkerung noch etwa 300.000 Personen. Nach verschiedenen Prognosen wird die Einwohnerzahl allein bis 2025 um mindestens 18 % zurückgehen. Im selben Zeitraum soll die Anzahl der Frauen im gebärfähigen Alter aber um knapp 40 % schrumpfen, was ab 2025 einen nochmals verstärkten Rückgang und Alterung der Bevölkerung erwarten lässt. Der demografische Wandel ist daher eine der größten Herausforderungen Anhalts für die Zukunft.

ECHTE PRINZEN UND FALSCHE ANHALTINER

Der adelsrechtlich letzte männliche Träger des Namens »von Anhalt« ist Eduard Prinz von Anhalt (* 1941), ein Sohn des letzten Herzogs. Der außerhalb Anhalts lebende Prinz ist Vater dreier Töchter. Daneben gibt es eine Vielzahl von Namensträgern, die aufgrund von Erwachsenenadoption den Namen erworben haben, aber nicht dem historischen Adel angehören. Der bekannteste Vertreter ist der ehemalige Saunaclub-Betreiber Frédéric Prinz von Anhalt (geboren als Hans-Robert Lichtenberg), der mit der Hollywood-Schauspielerin Zsa Zsa Gábor vermählt ist und seinerseits eine umfangreiche Zahl an Personen gegen Geld adoptiert hat. Schätzungen gehen von fünf bis 60 falschen Prinzen und Prinzessinnen aus.
Immer wieder gern verwechselt wird der Unterschied zwischen Anhaltinern und Anhaltern:
Als Anhaltiner werden ausschließlich die Angehörigen des Herzogshauses bezeichnet, was mit ihnen in Verbindung steht, ist demzufolge anhaltinisch. Die Einwohner des Landes sind dagegen sprachlich korrekt die Anhalter, was aus dem Land kommt oder sich hier befindet ist deshalb anhaltisch.

ANHALT BEWAHREN

Träger des »anhaltischen Gedankens« sind heute vor allem die anhaltischen Museen, der wieder gegründete Verein für Anhaltische Landeskunde (VAL), die Evangelische Landeskirche Anhalts, der Anhaltische Heimatbund, viele kleinere und größere Vereine und zunehmend die Bevölkerung selbst. Durch ihre Vereinstätigkeit, Ausstellungen und Publikationen sorgen sie für die weitere Erforschung und das Bewusstsein an eine anhaltische Landesgeschichte. Nicht zuletzt durch die umfangreichen Aktivitäten zum Landesjubiläum »800 Jahre Anhalt« im Jahr 2012 wurde die Erinnerung an das ehemalige Land Anhalt in die Bevölkerung hineingetragen.

Wesentlicher Vermittler der heimischen Identität könnte die »Anhaltische Landschaft« werden. Der im Juli 2012 gegründete und damit noch recht junge Verein bündelt verschiedene Institutionen und Einrichtungen, um die regionalen Interessen nach außen zu vertreten. Vielleicht lässt sich so auch die Wirtschaftskraft der Region Anhalt verstärken.

VORANKÜNDIGUNG

»Das ehemalige Herzogtum Anhalt«

Der ultimative Anhalt-Reiseführer

Führer zu den Schätzen von Kunst, Architektur und Geschichte

Bald im Buchhandel und den Stadtinformationen erhältlich

ca. 400 Seiten, durchgehend farbig

www.herrenhaus-kultur-verlag.de

ABBILDUNGSNACHWEIS

Die Abbildungen, die nicht im Einzelnen aufgelistet sind, sind Neuaufnahmen des Autors
(© Matthias Prasse, Dresden) bzw. stammen aus dessen Privatsammlung.

Folgende Abbildungen wurden den nachstehenden Titeln entnommen:
    12; 29: Paul Herre: Deutsche Kunst des Mittelalters im Bilde, Leipzig 1912
    17; 40; 59; 68: Ludwig Grote: Das Land Anhalt, Berlin 1929
    72; 74: Ludwig Grote: Die Brüder Olivier und die deutsche Romantik, Berlin 1938
    18: Hermann Lorenz: Die Geschichte Anhalts in Wort und Bild, 3. Auflage, Köthen 1906
    44; 47; 55; 67: Adolph Hartmann: Der Wörlitzer Park und seine Kunstschätze, Berlin 1913
    84: Nägler/Bergt: Anhalt Land, Leipzig 1939

Die Abbildung des »Dessauer Abendmahls« (S. 45) wurde freundlicherweise
von der Evangelischen Landeskirche Anhalts zur Verfügung gestellt.

Die Abbildungen auf den Seiten 88 und 92 wurden freundlicherweise durch
das Stadtarchiv Coswig (Anhalt), Frau Jutta Preiß, zur Verfügung gestellt.

Die Übersichtskarte auf der Doppelseite 64/65 wurde angefertigt von Mediadesign Hubert Graml,
Berlin (www.shape4.net).

Mit freundlicher Unterstützung durch die

Der Bestseller – »Arkadien am Elbstrom«
Wiederentdeckung einer vergessenen Kulturlandschaft

Die Region zwischen Wittenberg und Dessau, um 1800 ein Arkadien am Elbstrom genannt, begeistert durch ihre Schlösser und Herrenhäuser, die sich hier in einer ungewöhnlichen Fülle entdecken lassen. Eingebettet in die eindrucksvolle Landschaft am bedächtig dahin fließenden Elbstrom, umgeben viele Adelshäuser weitläufige Park- und Gartenanlagen.

Seit mehr als fünfhundert Jahren sind Künstler, Studierende und Kulturreisende begeistert von der einzigartigen Kulturlandschaft, die Impulse von weltweiter Bedeutung ausstrahlte. Großartige Personen der europäischen Kulturgeschichte entstammen der Region, wie Katharina die Große oder der Philosoph Herrmann Cohen. Und sie war immer ein Schmelztiegel gesamteuropäischer Einflüsse, in denen Künstler wie Cornelius Ryckwaert oder Giovanni Simonetti bleibende Zeichen hinterließen.

Das reich bebilderte Reisehandbuch lädt ein, tausend Jahren europäischer Geschichte nachzuspüren. Jeder Adelssitz ist mit kulturgeschichtlichen Beschreibungen versehen. Praktische Details und sorgfältig recherchierte Tipps laden ein, »Arkadien am Elbstrom« zu entdecken.

- Reiseführer zu über 60 Schlössern und Gärten zwischen Wittenberg und Dessau
- kulturgeschichtliche Beschreibungen zur Geschichte und den Besonderheiten der Anlagen
- praktische Informationen zu Anfahrt und Besichtigung

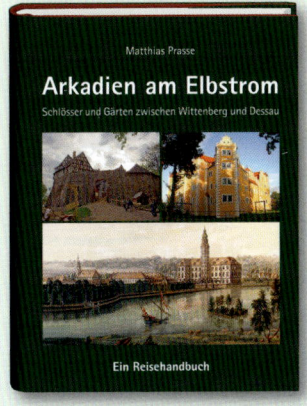

Festeinband, 264 Seiten, durchgehend farbig
19,80 €

ISBN 978-3-00-030860-4

NOTIZEN